Helga Gürtler

Kinder lieben Großeltern

Helga Gürtler

Kinder
lieben
Großeltern

Ein Ratgeber für
das Leben mit Enkeln

Mit Illustrationen von
Cornelia von Seidlein

Kösel

Für Georg und Felix

ISBN 3-466-30509-8
© 2000 by Kösel-Verlag GmbH & Co., München
Printed in Germany. Alle Rechte vorbehalten
Druck und Bindung: Ebner Ulm
Umschlag: Elisabeth Petersen, München
Umschlagmotiv: Mauritius Bildagentur, Mittenwald

1 2 3 4 5 · 04 03 02 01 00

*Gedruckt auf umweltfreundlich hergestelltem Werkdruckpapier
(säurefrei und chlorfrei gebleicht)*

Inhalt

Einleitung	9
Aus Eltern werden Großeltern	13
Es hat viele Vorteile, Großeltern zu sein	15
Wozu Kinder Großeltern brauchen	17
Wie Sie mit Ihrer Rolle als Großeltern umgehen, bestimmen Sie selbst	19
Was für eine Oma, was für ein Opa möchten Sie sein?	20
Gute Großeltern müssen nicht ständig und für alles zur Verfügung stehen	25
Was den Enkelkindern in Ihrer Wohnung erlaubt sein soll und was nicht	27
Enkel als Dauergäste	28
Kein Klotz am Bein werden	29
Das Verhältnis zu Kindern und Schwiegerkindern	33
Ihr Kind ist kein Kind mehr	35
Aus Ihrem Kind ist ein Vater oder eine Mutter geworden	37

Altes Stück auf neuer Bühne	38
Kritik tut manchmal weh	40
Alten Ballast abwerfen	41
Eine Trennung auf Zeit ist keine Katastrophe	43
Die Partner der Kinder sind meistens die falschen	44
Gar keine »richtige« Familie?	47
Schwiegermutter, Schwiegertochter	49
»Die Eltern meiner Schwiegertochter«	50
Andere Familie, andere Sitten	52
Der Partner spielt jetzt die erste Geige	54
Vom Sinn der Hochzeitsreise	54
Allein erziehend mit Kind	56
Die optimale Distanz finden	58

Eine kurze Skizze der kindlichen Entwicklung   61

Im ersten Vierteljahr	63
Im zweiten Vierteljahr	65
Im dritten Vierteljahr	66
Im vierten Vierteljahr	67
»Lasst mir Zeit«	68
Eine zunächst einseitige Liebesbeziehung	69
Die Welt begreifen	71
Rechnen und Rückwärtslaufen	74
Sprechen lernen	75
»Auf einmal ist sie bockig«	78
Sauber werden	82
Kinder brauchen Kinder	85
Mit drei in den Kindergarten?	86
Schule	89
Pubertät	92
Führen Sie ein Enkel-Tagebuch	94

Erziehung im Zug der Zeit 95

Die einzig richtige Erziehung gibt es nicht 96
Man kann nicht immer einer Meinung sein 101
Demokratisch erziehen heißt nicht, alles zu erlauben 108
Darf man ein Kind verwöhnen? 112
Verwöhnung, die süchtig machen kann 115
Angsthasen und Draufgänger 117
Anfassen nur mit Erlaubnis 122
Als Baby schon zwei Sprachen lernen? 124
Das liebe Geld 126
Nicht allen das Gleiche, sondern jedem das Seine 128

Gesund und munter aufwachsen 133

Vieles wird heute lockerer gesehen 135
Wie sauber müssen Kinder sein? 135
Iss, mein Kind, damit du groß wirst 138
Lieber Spaß beim Essen als gute Manieren 142
Schlafen muss man nicht, schlafen darf man 143
Ganz ohne Beulen geht es nicht 147
Allerlei Allergien 148
Hyperaktivität, eine neue Krankheit? 151
Möglichst ohne Medikamente 154
Muss das Kind ins Krankenhaus? 155

Was machen wir heute zusammen? 157

Abschied von der Glotze? 159
Werkeln statt Fernsehen 160
Was kleine Kinder spielen 161
Auf den Flügeln der Phantasie 162

Wie viel Spielzeug braucht ein Kind?	164
Über gutes und schlechtes Spielzeug	167
Spazieren gehen muss nicht langweilig sein	171
Ameisen statt Elefanten	172
Erzählen und vorlesen	174
»Oma, wie war das früher?«	175
Computer – Teufelszeug oder Wunderding?	179

Streit muss sein, aber richtig! — 181

Streiten ohne zu kränken	184
Streit zwischen den Eltern	197
Streit zwischen Eltern und Kindern	200

Reime und Lieder — 203

Schlaflieder	206
Kinderlieder	210
Reime	222
Fingerspiele	225
Schoß- und Ringelspiele	226
Allerlei Unsinn	228
Abzählreime	230
Gedichte	231
Zungenbrecher	234

Der Enkel wegen an morgen denken — 235

Literatur	238

Einleitung

Während meiner Arbeit treffe ich oft auf Eltern, die mit den eigenen Eltern und mit deren Verhalten den Enkelkindern gegenüber nicht zurechtkommen. Ich begegne aber auch häufig Großeltern, die unglücklich sind über das Verhältnis zu ihren Kindern und Enkelkindern.

Wenn ich versuche, das, was Eltern immer wieder über Großeltern sagen, zu bündeln, sieht das ungefähr so aus:

Großeltern sind ein Segen. Sie nehmen sich mehr Zeit für die Kinder. Zeit, die die Eltern oft nicht haben. Sie können mit vielen Problemen gelassener umgehen, weil sie mehr Abstand haben. Sie verwöhnen die Kinder zwar, aber sie sind ihnen auch »Seelenmülleimer« und Auftankstelle. Sie springen ein, wenn es nötig ist.

Großeltern sind eine Plage. Man muss sie sonntags mit den Kindern besuchen, obwohl die Kinder keine Lust dazu haben. Sie haben kein Verständnis für die Bedürfnisse der Kinder. Sie wissen alles besser und versuchen, sich in die Erziehung einzumischen.

Ja – was denn nun?

Der Verdacht liegt nahe, dass es sich hier um zwei Sorten von Großeltern handelt oder doch um zwei ganz unterschiedliche Arten, miteinander umzugehen.

Großeltern, die mit der Zeit gehen, die bereit sind, dazuzulernen, auch eigene Irrtümer einzugestehen oder zuzugeben, dass zu einer Sache ganz unterschiedliche Einstellungen nebeneinander bestehen können – solche Großeltern haben größere Chancen, auch von ihren Enkelkindern geliebt zu werden.

Wenn Großeltern darauf bestehen, dass sie und nur sie wissen, wie man Kinder richtig erzieht, und dass das, was zu ihrer Zeit vielleicht angemessen war, auch heute noch richtig sein muss, werden sie es wohl schwer haben, zu ihren Enkeln und deren Eltern ein beiderseits erfreuliches Verhältnis herzustellen.

Mit meinem Buch möchte ich Großeltern dabei unterstützen, ein für alle Seiten erfreuliches Verhältnis aufzubauen und mit den alltäglichen Reibereien besser zurechtzukommen. Nicht alles, was ich aufgeschrieben habe, trifft auf jeden zu. Aber ich möchte Großeltern ermutigen, ihre eigene, ganz persönliche Situation kritisch zu betrachten und sich darüber klar zu werden, wie sie leben wollen und welchen Platz sie ihren Enkelkindern in ihrem Leben einräumen wollen.

Enkelkinder hat man nicht ohne die dazugehörigen Eltern. Das Verhältnis zu ihnen spielt eine wesentliche Rolle dabei, ob man an seinen Enkelkindern Freude haben kann oder nicht.

Nach allgemeinem Vorurteil ist das Verhältnis zwischen Eltern und Großeltern, insbesondere das zwischen Schwiegereltern und Schwiegersöhnen oder -töchtern meist ein gestörtes. Die Schwiegermutter kommt im allgemeinen Bewusstsein fast nur als böse Schwiegermutter vor. Aber wer möchte schon eine böse Schwiegermutter sein? Über häufige Reibungspunkte nachzudenken kann vielleicht für mehr Harmonie in der Familie sorgen.

Viele Kümmernisse von Eltern und Großeltern sind seit Jahrzehnten die gleichen geblieben – unterschiedliche Ansichten über Erziehung und gutes Benehmen; gegenseitige Kränkungen, weil man sich zu wenig um einander kümmert oder weil man sich zu viel einmischt, weil man zu viel, zu wenig oder das Falsche voneinander erwartet. Wissen Sie noch, wie das war mit Ihren eigenen Eltern und mit Ihren Schwiegereltern, als Sie selbst jung waren? An einige dieser alten Erfahrungen möchte ich Sie erinnern, damit Sie sie fruchtbar machen können, um die heutigen jungen Eltern besser zu verstehen.

Oft sieht es zunächst so aus, als ginge es bei »atmosphärischen Störungen« um unterschiedliche Ansichten über den richtigen Umgang mit den Kindern. Dabei liegt der Haken in Wahrheit in dem Verhältnis, das die Erwachsenen, also Eltern und Großeltern, zueinander haben. Erst wenn man das erkannt hat, kann man das Problem da packen, wo es lösbar ist.

Und die Enkelkinder? Hatten Sie auch, als Sie das erste im Arm hielten, das Gefühl, alles vergessen zu haben, überhaupt nicht mehr zu wissen, wie man mit so einem winzigen Bündel Mensch umgeht? Keine Angst, das Vergessene kehrt schnell zurück. Sie wissen und können noch viel mehr, als Sie zunächst glauben. Trotzdem möchte ich Ihnen helfen, einiges von dem, was noch tief verborgen liegt, wieder lebendig und verwendbar werden zu lassen.

Kennen Sie noch die Texte der alten Schlaflieder? Auch wenn Ihre Stimme inzwischen ein bisschen rostig klingt, das wird wieder. Oder Fingerspiele und Reime? Gedichte? Märchen? Geschichten? An einiges möchte ich Sie erinnern, vielleicht taucht anderes dann von allein wieder auf. Oder Sie füllen die Löcher, die Ihr Gedächtnis aufweist, einfach mit Phantasie. Das geht auch.

Manches hat sich auch verändert, seit Ihre eigenen Kinder klein waren. Ich meine nicht nur Gläschenkost und Wegwerfwindeln. Junge Eltern beschäftigen sich heute mit Themen, die zu unserer Zeit noch kaum eine Rolle spielten. Allergien und

Umweltgifte zum Beispiel, Hyperaktivität oder das Aufwachsen mit zwei Sprachen und Kulturen. Es ist vielleicht hilfreich, über das eine oder andere zu reden, bevor Sie darüber in Streit mit Ihrer Schwiegertochter geraten.

Auch über ein paar »Dauerbrenner« im Generationenstreit soll gesprochen werden. Dürfen Großeltern ihre Enkel verwöhnen? Müssen sie alles genau so machen wie die Eltern? Oder sollten die Jungen mehr auf die Alten hören?

Ein gutes Verhältnis zwischen Eltern und Großeltern verlangt nicht, dass immer eitel Friede und Eintracht herrschen. Das geht überhaupt nicht. Hin und wieder wird es Streit geben. Aber auch Streiten kann man lernen. Und ein gekonnter Streit um ein Thema, das unausgefochten lange die Atmosphäre vergiftet, kann wirken wie ein reinigendes Gewitter. Gelegentlich muss das sein.

Für danach wünsche ich Ihnen aber wieder viel Sonnenschein im Umgang mit Ihren Kindern und Enkelkindern.

Wie war das, als Sie in der Klinik Ihr Verwandtschaftsverhältnis zu dem neuen Erdenbürger angeben wollten: »Wir sind die Großeltern.« Ist Ihnen das leicht über die Lippen gegangen?

Vielleicht sind Sie aber auch, weil Ihr Sohn oder Ihre Tochter eine neue Partnerschaft eingegangen ist, Hals über Kopf Großeltern einer Sechsjährigen, eines Zehnjährigen geworden.

Haben Sie schnell und freudig reagiert, als Sie vom Enkelkind das erste Mal »Oma« oder »Opa« gerufen wurden? Oder ist es Ihnen immer noch lieber, wenn der Nachwuchs Sie in der Öffentlichkeit »Inge« oder »Florian« nennt?

Es ist ein komisches Gefühl, jetzt, da die eigenen Kinder endlich flügge sind und man wieder über mehr Zeit verfügt und noch unheimlich viel vorhat, auf einmal zur »älteren Generation« zu gehören, zu der, die als nächste vom Aussterben bedroht ist. Das macht einen schon nachdenklich.

Trotzdem bedeutet die Tatsache, dass Sie jetzt Enkelkinder haben, nicht, dass Sie zum alten Eisen gehören. Möglicherweise sind Sie kaum älter als die Nachbarin, die mit über vierzig noch einmal das Abenteuer auf sich genommen hat, Mutter zu werden – von Vätern in hohem Alter ganz zu schweigen. Großeltern können vierzig sein, sechzig oder siebzig, das macht schon einen ganz schönen Unterschied.

Es hat viele Vorteile, Großeltern zu sein

Ich nehme mal an, Sie lieben Ihr Enkelkind, Ihre Enkelkinder und möchten so viel wie möglich von ihrer Entwicklung mitbekommen. Da fängt alles noch einmal von vorn an. Noch einmal sehen Sie so ein Menschenkind das erste Mal lächeln, sich aufrichten, stehen, laufen. Sie beobachten, wie es sprechen lernt, die ersten Dummheiten macht, sich die ersten Beulen und Schrammen holt.

Aber das ist das Schöne: Sie sind nicht mehr für alles und jedes, was dieses Kind braucht, verantwortlich. Sie müssen sich seinetwegen nicht mehr die Nächte um die Ohren schlagen, und wenn seine Unternehmungslust zu sehr an Ihren Nerven zerrt, können Sie es wieder bei den Eltern abliefern und sich erholen.

Sie müssen nicht mehr, Sie dürfen!

Sie können all das, was die jungen Eltern jetzt mit viel Engagement und Aufwand betreiben, mit mehr Abstand betrachten. Nase zerschrammt, Beule auf der Stirn? Das hatten Ihre viele Dutzend Mal und sind trotzdem groß geworden – das verwächst sich. Dreizehn Monate alt, und läuft immer noch nicht? Immer mit der Ruhe, das kommt schon noch. Probleme mit der optimalen Ernährung? Gebt ihr, worauf sie Appetit hat; wenn sie Hunger hat, wird sie schon essen.

In Sachen Entwicklung, Erziehung, Ernährung haben Sie sicher einige Glaubenslehren aufkommen und auch wieder verschwinden sehen. Und kaum eine der Katastrophen, die vorhergesagt wurden, wenn man sich nicht an die Vorschriften hielt, ist wirklich eingetreten.

Wahrscheinlich ist die wichtigste Erkenntnis, die Großeltern Eltern voraus haben, die, dass viele Wege nach Rom führen und dass es fast immer verschiedene Möglichkeiten gibt, Kinder gesund und glücklich aufwachsen zu lassen. An dem verzweifelten Bemühen, den einen und einzig richtigen zu finden, müssen sie sich nicht mehr beteiligen.

Sie müssen sich auch nicht mehr für alles verantwortlich fühlen. Die großen Linien der Erziehung bestimmen die Eltern, nicht die Großeltern. Aber es gibt eine Menge Nischen, in denen sie im Umgang mit den Enkeln das machen können, was ihnen augenblicklich als das Beste oder Angenehmste erscheint, ohne sich ständig fragen zu müssen, was daraus später einmal werden soll. Das Kind zu spät ins Bett gebracht, gegen jeden Verstand am späten Abend noch einen Spaziergang durch die dunklen Straßen gemacht? Ich weiß, Eltern mögen das nicht, aber Kinder lieben Großeltern, bei denen manchmal geht, was zu Hause nicht drin ist. Und ab morgen kann ja auch wieder Ordnung einkehren.

Enkelkinder bieten die Chance, das, was man heute, im Nachhinein, bei den eigenen Kindern anders machen würde, noch einmal neu auszuprobieren. Wie viele Väter bedauern es zum Beispiel, ihren eigenen Kindern zu wenig Zeit gewidmet, sich auch zu wenig für ihre Entwicklung, ihre Spiele und Gedanken interessiert zu haben. Im Umgang mit den Enkeln können sie zeigen, dass sie das ernst meinen.

Enkelhaben hält jung. Wären Sie noch mit fünfundfünfzig auf einem Klettergerüst herumgestiegen, hätten Sie gelernt, am Computer durch Labyrinthe zu laufen oder Lemminge zu retten, wüssten Sie den Unterschied zwischen Hip-Hop und Techno, wenn Sie keine Enkelkinder hätten?

Mit Kindern umzugehen verlangt, geistig wie körperlich beweglich zu bleiben, immer wieder etwas Neues kennen zu lernen, aufzunehmen, sich mit Neuem auseinander zu setzen.

Den Enkeln bei den Hausaufgaben zu helfen oder mit ihnen über den Sinn des Englischunterrichts zu debattieren ist mindestens so gut wie ein Volkshochschulkurs zum Gedächtnistraining für Senioren. Und Sie kriegen das alles gratis!

Wozu Kinder Großeltern brauchen

Kinder brauchen Eltern. Ohne Eltern, ohne mütterlich, väterlich um sie bemühte Menschen können sie nicht leben.

Kinder brauchen auch Großeltern. Sie können ohne Großeltern zwar leben, aber ihr Leben wird ärmer und schwieriger sein ohne sie.

Familien werden heute immer kleiner: zwei Elternteile, häufig sogar nur Vater oder Mutter, mit zwei Kindern oder mit nur einem Kind. Mit all seinem Wohl und Wehe ist also im Extremfall ein Kind auf einen Erwachsenen angewiesen. Jedes ist dem anderen »Ein und Alles«. Jeder Kummer, jeder Ärger, jede Laune des einen teilt sich unausweichlich auch dem anderen mit. Wie entlastend ist es doch, wenn eine Mutter die Sorge um ein Kind mit einem erwachsenen Partner teilen, wenn ein Kind seinen Frust über Muttis Benehmen bei Vati, Tante oder älterer Schwester abladen kann. Je kleiner die »Kernfamilie«, desto dringender sollte sie sich mit anderen geliebten und vertrauten Menschen umgeben, die entlasten, trösten, ausgleichen können. Und das Nächstliegende sind da die Großeltern.

Großeltern sind im Familienleben Feuerwehr und Notnagel. Sie springen als Betreuung ein, wenn das Enkelkind krank ist, sie helfen uneigennützig beim Renovieren und fangen manche Finanzkrise auf. Bei längerer Krankheit oder Behinderung sichern hilfreiche Großeltern oft die Existenz der Familie.

Ohne Großeltern können viele junge Eltern jahrelang nicht allein ausgehen, keine Nacht durchschlafen, dürfen nicht krank werden. Beim Zoff mit pubertierenden Kindern können Großeltern Ausgleich sein und Kummerkasten, auch Mülleimer für böse Gefühle.

Großeltern sind ein unerschöpflicher Fundus an guten und schlechten Erfahrungen, die sie auch großzügig zur Weiterverwendung anbieten. Wie oft sehen sie, dass die jungen Leute sich mit den gleichen Nichtigkeiten verrückt machen, die die Großeltern längst als solche erkannt haben. Aber hören die Jungen auf diese gesammelten Weisheiten?

Es ist wohl so, dass jede Generation viele Erfahrungen noch einmal selbst machen muss, bevor sie bereit ist, daraus zu lernen. Und manchmal haben sich auch die Bedingungen geändert, und die jungen Eltern müssen es anders machen als Sie vor zwanzig, dreißig Jahren.

Enkel schätzen an ihren Großeltern, was sie von ihren Eltern aus verschiedenen Gründen nicht bekommen können. Menschen, die nicht mehr so in Eile leben, die alles nicht so verbissen sehen, die eher mal fünfe grade sein lassen, die auch mal eine verrückte Dummheit mitmachen und sich darauf einlassen, Mama nichts davon zu erzählen. Und weil im Grunde alle allen sehr zugetan sind, leidet das gute Einvernehmen darunter nur vorübergehend.

Für die Enkel sind Großeltern lebendige Zeugen einer Zeit, die sie sonst nur noch aus Büchern oder alten Filmen kennen lernen. Die kleinen Alltäglichkeiten, die Opa und Oma erzählen können, machen Geschichte lebendig, und das prägt sich ein.

Das vertraute Verhältnis zu Kindern und Enkelkindern fällt jedoch nicht vom Himmel. Es muss erarbeitet werden.

Großeltern können auch verständnislose Besserwisser sein, Menschen, die man besuchen muss, damit sie nicht beleidigt sind, die wenig Verständnis für quirlige Enkelkinder haben und nichts mehr lieben als ihre Ruhe und Ordnung. Wenn ihre Berichte aus der eigenen Kinderzeit unter dem Motto stehen: »Das hätte ich mir bei meinem Vater mal erlauben sollen!«, werden sie kaum aufnahmebereite Zuhörer finden.

Wie Sie mit Ihrer Rolle als Großeltern umgehen, bestimmen Sie selbst

Vor einigen Generationen waren die allgemeinen Erwartungen an Großeltern, besonders an Großmütter, ganz klar. Großmütter waren alt. »In dem Alter« schickte sich manches einfach nicht mehr: dauergewellte Haare, flotte Kleidung in leuchtenden Farben, im Bikini am Strand zu liegen oder in der Öffentlichkeit zu tanzen. Man hatte mit den lauten Freuden des Daseins abzuschließen, unscheinbarer, leiser und weiser zu werden.

Die Großmutter vieler Kinderbücher hat schlohweißes Haar und einen Dutt, sie trägt Schürze und weite Röcke, in denen sich Enkelkinder bei Bedarf verstecken können. Sie ist zuständig für die Zubereitung besonderer Leckerbissen, sie ist Seelentrösterin und Märchenerzählerin.

Solche Großmütter gibt es auch heute noch. Aber nicht jede, die ein Enkelkind bekommt, kann oder mag diesem Bild entsprechen.

Oma oder Opa zu sein verpflichtet heute nicht mehr zu einem bestimmten Verhalten. Jeder und jede richten sich weiterhin das Leben so ein, wie sie es für erstrebenswert halten. Die eine hat sich vielleicht gerade in den letzten Jahren noch einmal mit voller Energie in ihren Beruf gestürzt. Andere planen endlich die ausgiebigen Reisen, die sie immer aufgeschoben hatten, solange die Kinder mit auf Reisen fuhren. Oder sie haben diesen Verein und jene Initiative, mit denen sie viel Zeit verbringen. Sie haben jedenfalls nicht die Absicht, unentwegt Enkelkinder zu hüten, damit die jungen Leute sich ungezwungener bewegen können. Müssen sie auch nicht. Sie haben ihre Pflichten als Eltern erfüllt. Jetzt dürfen sie das Ganze aus der zweiten Reihe erleben.

Was für eine Oma, was für ein Opa möchten Sie sein?

Nach meinen Erfahrungen, nach den Berichten, die ich im Laufe der Jahre über das Verhalten von Großeltern bekommen habe, habe ich eine kleine (nicht so ganz ernst zu nehmende) Typologie zusammengestellt. Sie können prüfen, ob Sie sich in dem einen oder anderen Typ wieder erkennen, ob Sie so oder lieber ganz anders sein möchten.

Die *Kümmer-Oma* glaubt, dass alles gegen den Baum läuft, wenn sie die Dinge nicht selbst in die Hand nimmt. Sie traut den jungen Eltern nicht zu, einen geordneten Haushalt zu führen, und meint, dass sie sowieso alles verkehrt machen. Sie will die Lehrerin wegen der ungerechten Zensur anrufen und den Hauswirt wegen der undichten Fenster. Sie besorgt Reiseprospekte für Bayern, wenn Eltern und Kinder lieber an die Ostsee wollen, und räumt die Möbel um, wenn die jungen Leute sie in der Wohnung allein lassen.

Die *Fütter-Oma* – ihr wichtigstes Anliegen ist, die Kinder und Enkelkinder mit ausreichender Nahrung und allerlei Leckerbissen zu versorgen. Sie legt polnische Gurken ein, backt Plätzchen, kocht Apfelmus und macht Klöße zum Einfrieren. Wenn man sie besucht, fragt sie nicht erst: »Seid ihr schon mit dem Tapezieren fertig?« oder »Hast du den Schlüssel wieder gefunden?«, sondern »Hast du schon was gegessen?« Und nichts, vor allem nicht völlige Appetitlosigkeit kann sie davon abhalten, erst einmal aufzutischen.

Die *flotte Oma* sieht aus wie Mamas Schwester, geht regelmäßig ins Fitnesscenter und zur Kosmetikerin. Sie hat beim Tanzturnier gerade ihren neuen Freund kennen gelernt, den sie aber auf Abstand hält, weil sie gar nicht daran denkt, sich noch einmal so eng zu binden. Sie liebt ihre Enkelkinder, ist aber auch nicht traurig, wenn sie nach einigen Stunden wieder gehen, weil sie noch etwas vorhat.

Bei der *Nasewärm-Oma* ist es immer ungeheuer gemütlich. Sie ist ganz für das Enkelkind da, wenn es zu ihr kommt. Sie ist überzeugt, dass alles, was es ihr erzählt, die absolute und nicht etwa eine einseitige Wahrheit ist. Sie glaubt, ihr Enkelkind gegen eine ganze Welt von Ignoranten in Schutz nehmen zu müssen, und ist unerschütterlich parteiisch.

Die *Strick- und Stopfoma* ist ständig auf der Suche nach Socken mit Löchern, abgerissenen Knöpfen und ausgefransten Hosenbeinen. Wenn man nicht aufpasst, flickt sie die Risse in den Jeans, die die Enkel da extra kunstvoll angebracht haben. Sie strickt Wollmützen, die kratzen, und wunderbar dicke Socken, die das Tragen von Hausschuhen überflüssig machen.

Die *neugierige Oma* will alles ganz genau wissen, um sich alles erklären, um die richtigen Zusammenhänge herstellen zu können. Sie fragt Kindern und Enkeln Löcher in den Bauch, gibt erst Ruhe, wenn man ihr noch das letzte Geheimnis anvertraut hat. Für sich behalten kann sie es aber nicht immer, denn sie muss schließlich dem Nächsten beweisen, dass sie noch andere Quellen hat, um herauszufinden, wie es wirklich gewesen ist.

Die *Übelnehm-Oma* erwartet, dass man immer an das denkt, was man mitzubringen oder zu machen versprochen hat, niemals Opas Todestag vergisst, nie in unpassender Kleidung zum Familienessen erscheint. Verstößt ein Enkelkind dagegen, hält sie das für den schlagenden Beweis eines Mangels an Zuneigung und Achtung. Ihre ständige Sorge ist auch, was die Leute denken sollen, wenn die Enkelin jedes Mal mit einem anderen Freund oder längere Zeit überhaupt nicht zu Besuch kommt.

Die *Feuerwehr-Oma* beklagt sich ständig über ihre Unentbehrlichkeit, ist aber zuverlässig zur Stelle, sobald sie gebraucht wird. Sie sagt ihren Rommé-Abend ab, wenn der Enkel Fieber hat, bleibt, wenn auch schimpfend (»Was würdet ihr bloß ohne mich machen?«) über Nacht, wenn die Eltern spät nach Hause kommen.

Die *Emanzen-Oma* verbündet sich mit der Schwiegertochter gegen Sohn und Mann, weil sie meint, Frauen müssten zusammenhalten. Sie spitzt die Schwiegertochter an, dem Sohn nicht alles nachzuräumen, ihm abends ruhig die Kinder zu überlassen, um sich auch mal selbst etwas zu gönnen. Sie liest die Zeitschrift *Emma* und gibt sie danach ihrer Schwiegertochter. Sie kauft ihrer Enkelin eine Lederhose, damit sie besser auf Bäume klettern kann.

Die *Muster-Oma* ist lieb, leise, selbstlos und rücksichtsvoll. Sie versucht mit großem Erfolg, alle Fehler zu vermeiden, die angeblich böse Schwiegermütter so machen. Sie ist ständig um Gerechtigkeit und Ausgleich bemüht. Sie tritt selten jemandem zu nahe, und wenn doch, entschuldigt sie sich. Allen Wünschen, die an sie gerichtet werden, versucht sie zu entsprechen. Ihr Lieblingsspruch lautet: »Ich bin zufrieden, wenn es euch allen gut geht«. Nur hat sie dabei völlig vergessen, auch mal an sich selbst zu denken. Was sie selbst sich wünscht, was sie gern täte oder von anderen bekäme, weiß sie kaum noch. Da war doch noch was???

Der *Spiel-Opa* rutscht zur Verblüffung seiner Frau mit den Enkeln auf dem Fußboden herum, ist Pferd, Dampfer oder

Brücke. Er singt, hüpft und wackelt mit den Ohren, und es ist ihm völlig egal, was die Leute von ihm denken.

Der *Mecker-Opa* hält die heutige Jugend für zu wild und überhaupt für schlecht erzogen. Er braucht seine Ruhe, darf vor allem nicht beim Zeitunglesen oder beim Fernsehen gestört werden. Er sagt wenig, kann aber unvermittelt furchtbar in die Luft gehen, wenn man zum Beispiel über seine Blumenrabatten rennt oder seine Tabakspfeife für den Schneemann benutzt. Zu diesem Opa bleiben die Enkelkinder lieber auf Distanz.

Der *Chaoten-Opa* vergisst bei herbstlichem Nieselwetter, dem Kind einen Anorak anzuziehen, wenn er mit ihm auf den Spielplatz geht. Er füttert den Einjährigen mit Eisbein und Sauerkraut, klettert mit dem Halbwüchsigen im Schwimmbad über den Zaun, um das Eintrittsgeld zu sparen. Er hat alles vergessen, was früher bei den eigenen Kindern gültig war. Oder will er was gutmachen?

Die Enkelkinder neigen dazu, von dem, was sie mit Opa erlebt haben, zu Hause möglichst wenig zu erzählen.

Der *Besserwisser-Opa* liegt ständig im Streit mit seinem Sohn/Schwiegersohn über unnötige Geldausgaben, richtiges Verhalten im Büro oder falsch abgeschlossene Verträge. Er weiß nicht nur alles, er weiß es vor allem besser. Nach Gesprächen mit ihm sind die Eltern gereizt und fauchen wegen jeder Kleinigkeit ihre Kinder an.

Der *Abenteuer-Opa* hat viele Ideen für Unternehmungen, die aber fast immer schief gehen. Wenn er mit den Enkeln zum Tierpark fährt, ist der bestimmt seit Monaten geschlossen. Wenn sie mit dem Zug fahren, hat Opa die Anschlüsse falsch herausgesucht oder sich mit den Zeiten völlig verschätzt. Aber zum Schluss kriegt er alles noch irgendwie hin und verhilft seinen Enkeln zu sehr spannenden Unternehmungen.

Der *Finanzierungs-Opa* lebt selbst sehr sparsam und hält seine Kinder für verantwortungslose Verschwender. Er genießt es aber, wenn sie ihn um Geld bitten müssen, das er ihnen dann doch unter vielen Vorhaltungen über schlechtes Wirtschaften immer wieder zuschießt. Und das, obwohl er jedes Mal den Eindruck erweckt, dass ihn dieses Ansinnen endgültig an den Bettelstab bringt.

Der *Reparier-Opa* findet überall Dinge, die »dringend mal gemacht werden müssen«. Aus Familien-Kaffeerunden verschwindet er leise, weil ihm alle viel zu viel quatschen. Man findet ihn dann im Keller, wo er gerade ein Regal befestigt oder Werkzeug sortiert. Er sammelt Bretter, Schrauben, Waschmaschinen- und Autoteile, die er bei Bedarf befriedigt zur Verfügung stellt, weil man sonst schon wieder etwas neu kaufen müsste.

Vielleicht suchen Sie sich aus diesem Panoptikum was Passendes heraus. Womöglich finden Sie es auch bei den Beschreibungen für das andere Geschlecht. Das macht nichts – so eng dürfen Sie das nicht sehen. Reparier-Oma oder Nasewärm-Opa, wieso denn nicht?

Am besten mixen Sie sich daraus einen Cocktail und nehmen ein bisschen von diesem, ein wenig von jenem, so wie Sie, Ihre Kinder und Enkelkinder das gerade brauchen.

Gute Großeltern müssen nicht ständig und für alles zur Verfügung stehen

Bei aller Zuneigung dürfen Sie es trotzdem laut sagen: Enkel bedeuten auch Stress. Wenn so ein kleiner Entdecker zum dritten Mal den Nähkasten ausgekippt, den Saft auf den Tisch gegossen, sich beim Besteigen der Fußbank die Nase gestoßen und längere Zeit steinerweichend gebrüllt hat, dann dürfen Sie auch froh sein, wenn er wieder geht, weil er ins Bett muss. Und Sie nicht noch einmal die ganze Wohnung umräumen müssen, damit sie seiner Unternehmungslust gefahrlos standhalten kann.

Muten Sie sich im Umgang mit Ihren Enkeln nicht mehr zu, als Sie gern tun und gut verkraften können. Ihre Kinder sähen es vielleicht gern, wenn Sie mehrmals im Monat bis nachts um zwei am Kinderbett wachten, dann bei ihnen übernachteten und erst morgens wieder nach Hause gingen. Sie aber sind ab elf Uhr bleiern müde, schlafen schlecht in fremden Betten, lassen Ihren Partner ungern über Nacht allein. Dann sagen Sie das, und weigern Sie sich.

Sicher, es ist wichtig, dass Eltern auch mal ohne Kinder etwas unternehmen, sich vom Elternsein erholen und auch mal wieder Liebespaar sein dürfen. Das kommt über eine entspanntere Haltung dann auch den Enkelkindern zugute. Aber mit dem gleichen Recht dürfen Großeltern auf der Berücksichtigung ihrer Bedürfnisse bestehen. Wenn die jungen Leute abends zum Konzert gehen können, aber nicht anschließend auch noch mit den Freunden in die Kneipe, ist das ja auch schon was.

Wenn Sie sich ständig zu Hilfsdiensten breitschlagen lassen, die Ihnen eigentlich zu viel sind, bricht sich das früher oder später in offenen oder verdeckten Vorwürfen Bahn, und das ist Gift für den Familienfrieden.

Erwarten Sie auch nicht, dass die jungen Leute von sich aus merken, was zu viel für Sie ist, und sie darauf Rücksicht nehmen. Solange Sie, wenn auch mit entsagungsvollem Unterton sagen: »Jaja, geht nur, ich mach das schon«, werden Ihre Kinder das wahrscheinlich auch annehmen. Wenn Eigennutz dagegensteht, wird man auf dem Ohr leicht schwerhörig. Übernehmen Sie nur das, was keinen Groll in Ihnen entstehen lässt, kein Gefühl, über Gebühr ausgenutzt zu werden.

Unfair ist es dagegen, etwas erst zu übernehmen und den Eltern hinterher ein schlechtes Gewissen zu machen, etwa so: »Die Kinder haben überhaupt nicht schlafen können, sie haben immer wieder gefragt, wo Ihr denn so lange bleibt!« Das erzeugt bei den Eltern Ärger. Ärger statt Dankbarkeit. Wollen Sie das?

Sagen Sie Kindern und Enkelkindern klar, was Sie nicht mögen oder was Sie nicht mehr können. Wenn Sie montagabends regelmäßig zum Sport gehen, sind Babysitterdienste am Montag eben nicht möglich. Und schon der Zweijährige wird sich daran gewöhnen, dass Sie ihn nicht herumtragen können, weil Ihnen sonst der Rücken wehtut.

Besprechen Sie klar und deutlich miteinander, was erwartet wird und akzeptiert werden soll. Machen Sie nicht Vermutungen zur Richtschnur Ihres Handelns. Sie laufen womöglich mehrmals in der Woche zu Ihren Kindern und Enkeln, »schmeißen« da den halben Haushalt, obwohl es Ihnen eigentlich zu viel ist. Sie tun das, weil Sie den Eindruck haben, dass sie ohne Ihre Hilfe gar nicht zurechtkommen. Aber Ihre Schwiegertochter fühlt sich womöglich kontrolliert und bevormundet, würde lieber ein bisschen chaotischer, aber selbstbestimmt wirtschaften. Das muss früher oder später zu bissigen Bemerkungen, Kränkungen und Streit führen. Klären Sie solche Dinge deshalb lieber beizeiten.

Was den Enkelkindern in Ihrer Wohnung erlaubt sein soll und was nicht

Als Ihre Kinder klein waren, haben Sie bestimmt auch die ganze Wohnung so eingerichtet, dass sich die Kinder darin möglichst unbefangen und ungefährdet bewegen konnten: Alles Zerbrechliche und Gefährliche kam weit nach oben; Schleiflackmöbel und empfindliche Teppiche gab es nicht, und an Fingerspuren und Graffiti an Wänden und Türen haben Sie sich gewöhnt. Später haben Sie es dann genossen, alles wieder ein bisschen ansehnlicher zu machen – dieses und jenes schöne Stück kamen hinzu, Schranktüren ohne Schlösser, helle Tapeten. Und jetzt alles wieder von vorn? Wieder klaglos klebrige Möbel und Fingerspuren an den Tapeten ertragen? Ist das der Preis dafür, als Oma geliebt zu werden? Darüber entscheiden Sie.

Wenn Sie bei jedem zerkrümelten Keks, jedem umgeworfenen Glas ein saures Gesicht machen und eine Putzaktion starten, werden Ihre Kinder und Enkel nicht oft kommen. Wollen Sie das? Wenn nicht, dann suchen Sie nach einem Kompromiss, mit dem alle leben können. Stellen Sie die zarten Nippes weit nach oben, dann brauchen Sie nicht ständig aufzupassen und zu schimpfen. Binden Sie den Nähkasten zu, damit sich mit Schere und Stecknadeln niemand verletzen kann. Aber dass man bei Ihnen mit den losen Sofakissen keine Höhlen bauen darf, werden Ihre Enkel akzeptieren, erst recht, wenn Sie ihnen als Ersatz vorschlagen, eine Decke über den Couchtisch zu hängen und darunter Höhle zu spielen.

Es ist wenig sinnvoll, wenn Sie Ihren Kindern Vorwürfe machen, dass sie die Enkel nicht dazu anhalten, sich »anständig« zu benehmen, oder wenn Sie zähneknirschend alles dulden und ihnen ihr Verhalten doch übel nehmen. Welche Regeln in Ihrer Wohnung gelten sollen und welche nicht, legen Sie, so freundlich und entschieden wie möglich, selbst fest. Die Maßstäbe sind da nun mal sehr unterschiedlich, und mit Anstand hat das gar nichts zu tun. Bei einem sonst unternehmungsfreudigen Opa, einer sonst geliebten Oma ertragen Kinder auch die eine oder andere Marotte.

Enkel als Dauergäste

Wenn Ihre Enkel nicht nur gelegentliche Besucher, sondern Dauergäste in Ihrer Wohnung sind, sieht das alles ein bisschen anders aus.

Hut ab vor Ihnen, wenn Sie beschlossen haben, das Großziehen Ihres Enkelkindes vorwiegend oder ganz selbst zu übernehmen. Vielleicht blieb Ihnen nichts anderes übrig, weil das Kind nicht bei seinen Eltern leben konnte.

Dann übernehmen Sie, obwohl Sie die Großeltern des Kindes sind, jetzt wieder die Funktion von Eltern, müssen Hilfe für den Umgang mit den Enkelkindern auch eher in Elternratgebern suchen. (Einige finden Sie im Literaturverzeichnis auf S. 238.)

Einiges wird freilich anders sein als bei »echten« Eltern. Freunde werden für Ihre neue Angebundenheit vielleicht wenig Verständnis haben, der Kontakt wird nachlassen. Dafür werden Sie mehr Kontakt zu jüngeren Menschen als zu Gleichaltrigen bekommen – zu anderen Müttern auf dem Spielplatz, zu Miteltern aus Kindergarten und Schulklasse. Und dabei werden Sie sich manchmal etwas fremd vorkommen.

Aber noch mehr als andere Großeltern genießen Sie bei aller Mühe auch den Vorteil, noch einmal in ständigem Kontakt zu Neuem zu kommen, gefeit zu sein gegen die Erstarrung in eigenen lange gepflegten Gewohnheiten.

Kein Klotz am Bein werden

Solange Großeltern noch beruflich aktiv sind und einen vollen Terminkalender haben, besteht selten die Gefahr, dass sie es mit der Sorge für die Enkelkinder übertreiben. Wenn sie jedoch »in Rente« sind und vielleicht keinen Partner (mehr) haben, lassen sich viele nur zu gern und häufiger, als ihnen gut tut, für die Versorgung und Betreuung der Enkelkinder einspannen. Eigene Kontakte zu gleichaltrigen Freunden, eigene Interessen und Unternehmungen kommen dann leicht zu kurz, gehen ganz verloren. Die Kinder und Enkel werden zum einzigen Lebenssinn, zur einzigen Freude und Abwechslung.

Wenn jedoch das ganze Lebensgefühl vom weiteren Schicksal der Kinder und Enkel abhängt, sind Sie Enttäuschungen, die nicht ausbleiben können, viel hilfloser ausgesetzt. Sie werden viel leichter das Gefühl haben, dass die jungen Leute undankbar sind. Sie haben sich so um die Kinder bemüht, auf so vieles ihnen zuliebe verzichtet, und nun das! Oder Sie werden gar zu anhänglich, wollen an allem teilhaben, überall mit einbezogen werden. Und wenn den Kindern das dann zu viel wird, fühlen Sie sich schmerzhaft zurückgestoßen.

Die Kinder und Enkel sollten nicht Ihr einziger Draht zum Leben werden.

Sehen Sie zu, dass Sie weiterhin Kontakte zu Freunden haben, Aufgaben im Verein oder in der Kirchengemeinde übernehmen, Sport treiben, Skat spielen. Dass Sie Dinge tun, die Sie lebendig halten, die Ihnen die Sicherheit geben, aktiv am Leben teilzunehmen.

Wollten Sie nicht schon lange ein bisschen Spanisch lernen oder einen Computerkurs machen, haben sich aber nie Zeit dafür genommen? Lassen Sie sich nicht einreden, dass ein alter Kopf nicht mehr so gut lernen kann. Was Sie noch lernen wollen, das können Sie auch noch lernen. Dass Sie jetzt genau wissen, was Sie wollen, dass Sie zielstrebiger und zuverlässiger mitmachen als viele Junge, gleicht das etwas langsamere Lerntempo glatt aus. Es gibt keinen Grund, sich selbst freiwillig zum alten Eisen zu legen.

Gerade wenn Sie mal recht verzagt sind, weil nichts so läuft, wie Sie es sich wünschen, weil das junge Volk sich selbstherrlich und rücksichtslos aufführt – tun Sie sich etwas Gutes, etwas, das Ihnen Auftrieb gibt. Fahren Sie dorthin, wo Sie schon lange einmal hinfahren wollten, gründen Sie einen Stammtisch, schließen Sie sich einer Initiative für den Bau einer Umgehungsstraße an.

Sind Sie auch noch anderweitig aktiv, wird es Sie nicht so kränken, wenn die Kinder lieber allein in Urlaub fahren, das Wohnzimmer lieber ohne Ihre Hilfe renovieren wollen, wenn die Enkel in den Ferien lieber ins Zeltlager fahren, als zu Ihnen kommen zu wollen.

Es wird Ihnen wesentlich leichter fallen, Ihre Kinder und Enkel loszulassen, wenn Sie noch andere Aufgaben, andere Interessen haben, die Sie ausfüllen.

Auch wenn Sie sich redlich bemühen, Ihren Enkeln verständnisvolle Großeltern zu sein, sind unausgesetzte Zuwendung und Zuneigung der Enkelkinder nicht garantiert. Beides kann nicht eingefordert werden.

Es wird immer wieder Phasen geben, in denen die Enkel lieber mit Freunden Dummheiten machen, als mit Oma oder Opa etwas zu unternehmen oder gar mit ihnen zu Hause auf dem Sofa zu sitzen.

Erinnern Sie sich bitte an Ihre eigene Kinderzeit. Ist es Ihnen mit den eigenen Großeltern nicht zeitweise auch so gegangen? Kindern sind ältere Leute oft recht fremd, manchmal gar etwas unheimlich. Sie wissen nicht so recht, wie sie mit ihnen umgehen sollen. Und wenn sie ihre Großeltern nicht so oft sehen, betrifft das auch sie. Aus der Perspektive der Kinder reden

sie zu viel über Krankheiten oder andere Themen, mit denen
Kinder nichts anzufangen wissen. Sie laufen vielleicht zu langsam, haben komische Angewohnheiten und Ansichten oder
sonst etwas an sich, was Kindern in einem bestimmten Alter
gegen den Strich geht.

Rechnen Sie mit solchen »Durststrecken«, damit Sie nicht
gar zu enttäuscht sind, wenn dieser Fall eintritt. Und fassen Sie
sich in Geduld. Je weniger Sie fordern, je freundlicher Sie auch
ohne Gegenleistung Ihren Enkeln Ihre Zuneigung zeigen, desto sicherer wird sich das gute Verhältnis eines Tages wieder
einstellen.

Das Verhältnis zu Kindern und Schwiegerkindern

Bevor aus Eltern Großeltern werden, bevor sie in den Genuss von Enkelkindern kommen, müssen sie erst mal ihren Sohn, ihre Tochter in die Erwachsenen-Selbständigkeit entlassen. Und das ist oft gar nicht so einfach.

Schon in der Pubertät muss das Erziehen immer mehr hinter dem Begleiten zurückstehen. Erziehen heißt bildlich betrachtet: Der Erwachsene geht vor und zieht das Kind, das folgt, nach sich.

Begleiten heißt: Da gehen zwei nebeneinander, der eine lehnt sich nur noch ein bisschen an den anderen an.

Wenn die Kinder erwachsen sind, muss das Verhältnis von Eltern und Kindern ein freundschaftliches Nebeneinander gleichberechtigter Partner sein, ein Nehmen und Geben von beiden Seiten.

Theoretisch ist das ganz klar. Aber in der Praxis ist es oft schwierig. Gehen Sie nicht manchmal noch mit dem Dreißigjährigen um wie mit einem dummen Jungen? Der sieht es Ihnen nach, weil er Sie lieb hat. Richtig ist es nicht. Benimmt sich nicht manchmal auch Ihr Sohn, als habe er weiter einen Anspruch darauf, von Ihnen bemuttert zu werden? Und, tun Sie es auch?

Wie fühlten Sie sich, als Sie achtzehn oder einundzwanzig und endlich volljährig waren? Reif und erwachsen, nehme ich mal an. Kein Grund mehr, sich von den Eltern bevormunden zu lassen. Eher schienen die manchmal nicht ganz auf der Höhe der Zeit zu sein, oder?

Und heute? Ist das junge Volk, jetzt so alt wie wir damals, wirklich viel unreifer, viel unernster, lebensuntüchtiger als wir zu jener Zeit? Oder bilden wir Alten uns das bloß ein? Es muss uns zu denken geben, dass Elterngenerationen zu allen Zeiten bis hin zu den alten Römern der Überzeugung waren, die »heutige Jugend« tauge nichts mehr, sei mit dem eigenen Entwicklungsstand in diesem Alter in keiner Weise zu vergleichen.

Ihr Kind ist kein Kind mehr

Der Wechsel im Verhältnis zueinander hat für Eltern auch Vorteile. Die Eltern müssen nicht mehr stark und überlegen, müssen nicht mehr Vorbild sein. Sie dürfen sich den herangewachsenen Kindern zumuten mitsamt ihren Schwächen. Sich eher mal gehen lassen, eher mal aus der Rolle fallen.

Auch die Kinder müssen damit aufhören, einseitige Ansprüche zu stellen. Mama weiter die Wäsche überlassen und mit regelmäßigen Mahlzeiten rechnen? Nur, wenn Sohn oder Tochter dafür andere Teile der Haushaltspflichten, die Einkäufe und einen Teil des Küchendienstes zum Beispiel, übernimmt. Spätestens wenn Erwachsene zusammenleben, müssen Ansprüche und Pflichten gleichmäßig verteilt werden.

Eltern müssen sich für das Wohlergehen ihrer erwachsenen Kinder nicht mehr verantwortlich fühlen. Diese Verantwortung müssen die Kinder, auch mit den unangenehmen Konsequenzen, jetzt selbst tragen. Glauben Sie, das kann nicht gut gehen? Ohne Ihre Einmischung würde Ihr Sohn oder Ihre Tochter hoffnungslos scheitern?

Da verhalten Sie sich wie die kluge Else. Erinnern Sie sich an das grimmsche Märchen? Die Else geht eines Tages in den Keller, um Bier zu zapfen. Da sieht sie über dem Schemel in der Mauer eine Hacke stecken, die Handwerker dort vergessen haben. Und nun sitzt sie da und jammert, weil das Kind, das sie einmal haben wird, womöglich eines Tages, wenn es auch hier sitzt, um Bier zu zapfen, von dieser Hacke erschlagen werden könnte. Und alle, die, einer nach dem andern, nach ihr sehen kommen, hören sich ihren Kummer an und jammern mit.

Trauen Sie Ihrem Sohn oder Ihrer Tochter doch mal was zu! Jeder Mensch wächst an seinen Aufgaben. Sicher wird in Zukunft nicht alles so schnurgerade laufen, wie Sie sich das vorstellen. Kann es auch nicht. Es ist nicht Ihr Leben, sondern das Ihres Kindes. Er oder sie muss es gestalten, mit seinen bzw. ihren Eigenheiten und Möglichkeiten, nicht Sie!

Vielleicht gibt Ihr Sohn sich nur deshalb so unselbständig, weil er Sie auf diese Weise dazu kriegt, weiterhin manches für ihn zu tun, was selber zu erledigen ganz schön unbequem ist. Wenn erwachsene Kinder ihren Eltern weiter wichtige Entscheidungen überlassen, können sie sie auch für die Konsequenzen verantwortlich machen. Auch das ist ganz bequem. Wenn Sie Ihren Sohn übermäßig »betutteln«, weil Sie ihn für unselbständig halten, dann wird er eines Tages auf Dauer so unselbständig sein, wie Sie ihn jetzt einschätzen. Ihre Haltung trägt dazu bei, dass er so wird.

Nichts spricht dagegen, dass Sie ihm mit Rat zur Seite stehen, wenn Sie um Rat gebeten werden, aber entscheiden und verantworten müssen die jungen Leute jetzt allein. (Es sei denn, sie sind wirklich extrem jung und noch nicht volljährig.)

Wenn Ihr Sohn (oder Ihre Tochter) eine eigene Wohnung hat, ist das nicht mehr automatisch auch ein Bereich, in dem Sie ungehemmt schalten und walten dürfen. Sie müssen Grenzen respektieren. Nicht unangemeldet zu Besuch kommen und plötzlich in der Wohnung stehen. Nicht ungefragt die Küche putzen, das Zimmer aufräumen oder die Türen streichen. Sonst sind Sie eines Tages sehr gekränkt über sein »undankbares« Benehmen. Nicht nur, dass er sich für Ihre Hilfeleistung nicht bedankt, womöglich behauptet er sogar, sich in seiner alten Unordnung wohler gefühlt zu haben, macht Sie verantwortlich dafür, dass ein Schriftstück, das wohl sortiert unter dem Sessel lag, nicht mehr auffindbar ist.

Selbst wenn Ihr Sohn, Ihre Tochter Ihre Mithilfe gutheißen würde, meistens ist da ja noch ein zweiter Mensch mit im Spiel, für den Sie zunächst mehr oder weniger fremd sind.

Aus Ihrem Kind ist ein Vater oder eine Mutter geworden

Das ist ja wohl eine Binsenweisheit. Aber sie bis in die Verästelungen des Unterbewussten zu akzeptieren ist manchmal gar nicht so einfach. Da will Ihr Sohn oder Ihre Tochter Sie auf einmal über Kindererziehung belehren, obwohl Sie selbst eins oder mehrere Kinder großgezogen haben.

Das reizt schon manchmal zu einer gewissen Überheblichkeit. Oder zu der Sorge, was aus dem armen Kind wohl werden soll, wenn es zwei solchen Grünschnäbeln überlassen bleibt.

Aber so ein Grünschnabel waren Sie auch, als Sie Ihr erstes Kind bekamen! Und reagierten Sie damals nicht auch gereizt, wenn Eltern oder Schwiegereltern Sie im Umgang mit dem Baby nicht für voll nahmen?

Mit der Geburt eines Kindes übernehmen dessen Eltern die Verantwortung für seine Pflege und Erziehung. Sie spielen bei allem, was es zu entscheiden gibt, die erste Geige. Das haben Großeltern zu akzeptieren. Selbst wenn sie einiges ganz anders machen und Eltern oder Schwiegereltern das nicht für richtig halten – wer kann eigentlich sagen, was richtig oder falsch ist? Die Eltern schleppen vielleicht das Baby unentwegt mit sich herum, während die Großeltern meinen, es müsste mehr Ruhe haben. Sie bringen dem Zweijährigen mehrmals in der Nacht eine Milchflasche oder hauen dem Einjährigen auf die Finger, wenn es an den Knöpfen der Stereoanlage spielt. Aber je mehr Großeltern sich besserwisserisch einmischen, desto eher werden sich die jungen Leute das schon aus Trotz verbitten, und jede noch so berechtigte Kritik wird auf taube Ohren stoßen.

Je mehr sich die jungen Eltern in ihrer neuen Rolle anerkannt fühlen, desto freier sind sie auch, über gute Ratschläge nachzudenken.

Altes Stück auf neuer Bühne

So mancher Konflikt, der zwischen jungen Eltern und einer Großmutter, einem Großvater aufbricht, ist im Grunde die Fortsetzung eines alten Konfliktes aus Kinderzeiten.

Junge Menschen, die die Pubertät hinter sich haben, entwickeln mit zunehmender Reife eine differenziertere, ausgewogenere Sicht auf die eigenen Eltern. Sie halten sie nicht mehr für die Größten wie noch die meiste Zeit während ihrer Kindheit, sie halten sie aber auch nicht mehr für »das Letzte«, wie während der oft heftigen Auseinandersetzungen in der Pubertät. Sie sehen klarer, was die eigenen Eltern gut gemacht haben, aber auch, was vielleicht schlecht war, was sie verantwortlich für manche Eigenheit machen, die sie nicht mehr loswerden. Verantwortlich auch für so manche Wunde, die immer noch wehtut.

Wenn da eine Mutter als Kind und Jugendliche immer darunter gelitten hat, von ihren Eltern zu sehr »unter der Fuchtel« gehalten worden zu sein, werden ihr die eigenen Kinder jetzt ein sehr willkommener Anlass sein, endlich einmal ihre eigenen Ansichten durchzusetzen. Sie bestimmt jetzt, wo es langgeht, und nicht mehr ihre Eltern. Und so gibt es ständig Reibereien um Kleinigkeiten – ob das Kind eine Mütze aufsetzen muss oder nicht, ob es genug gegessen hat, ob es jetzt gern auf den Spielplatz gehen möchte oder nicht.

Großeltern tun sich oft schwer damit, anzuerkennen, dass jetzt ihre Kinder in der Erziehung der Enkel das Sagen haben. Sie leisten heimlichen Widerstand, indem sie Wünsche nicht ernst nehmen, erzieherische Maßnahmen einfach unterlaufen, sich mehr nach ihrem eigenen Kopf richten. Wenn sie dann dem Kleinen kurz vor dem Essen ein Schokoladenei zuschieben, obwohl sie genau wissen, dass Mama das missbilligt, richtet sich deren Zorn nicht nur gegen den Beitrag zu einer unvernünftigen Ernährung, sondern mehr noch gegen die Geringschätzung und Missachtung, die sie dabei spürt. Sie fühlt sich selbst wieder behandelt wie das Kind, das nicht ganz ernst genommen wird.

Die jungen Eltern möchten den Großeltern beweisen, dass sie mit ihren Erziehungsmethoden mehr Erfolg haben, dem Kind mehr gerecht werden als die Großeltern mit ihren. Schlagen die Kinder sich dann mal auf die Seite der Großeltern, erleben die Eltern das als Verrat, werden gereizt und ungerecht.

Eltern und Großeltern buhlen um die größere Zuneigung der Kinder, wenn es sein muss, auch mit Bestechung, nur um einander zu beweisen, wer scheinbar liebenswerter, pädagogisch fähiger ist. Manche zur Unzeit oder im Übermaß gewährte Schleckerei enthält schließlich die Botschaft »Bin ich nicht besonders lieb zu dir?«.

Eltern müssen manchmal zähneknirschend klein beigeben, weil sie auf die Unterstützung durch die Großeltern nicht verzichten können. Großeltern erleben das als Triumph und spielen diesen Trumpf auch aus. Nach dem Motto »Ach ja, aber zum Kinderhüten sind wir dann wieder gut!«.

Und so ist dann manche Auseinandersetzung um Verwöhnung oder schlechte Manieren der Kinder eher ein Machtkampf unter den Erwachsenen als eine Auseinandersetzung über Erziehungsmethoden. Die Kinder sind sozusagen nur das Medium, über das Eltern und Großeltern ihre Konflikte austragen.

Solche Zusammenhänge zu durchschauen ist der erste Schritt dazu, das Problem an seiner Wurzel zu packen.

Kritik tut manchmal weh

Wie man seine Kinder erzieht, ist ein Stück weit immer abhängig von Zeitströmungen und allgemein verbreiteten Überzeugungen. Wenn jede Säuglingsschwester, jeder Kinderarzt einer jungen Mutter erklärt, sie solle ihr Kind nur alle vier Stunden und nachts überhaupt nicht stillen, weil es sich beizeiten an solche Ordnungen gewöhnen müsse, dann wird sie nur sehr schwer das Selbstbewusstsein aufbringen, es anders zu machen, selbst wenn ihr Gefühl ihr sagt, dass sie das müsste.

Für einen jungen Menschen ist es wichtig, sich über die Einflüsse, die den eigenen Charakter geformt haben, Gedanken zu machen. Erst recht, wenn er selbst Kinder bekommt und praktische Konsequenzen aus diesen Einsichten ziehen will.

Für Eltern ist es schwer, kritische Äußerungen der erwachsenen Kinder zu akzeptieren. »Du hast ja nie Zeit gehabt, wenn ich etwas brauchte«, oder auch: »Nie hast du mich etwas allein machen lassen, immer hast du dich in alles eingemischt«. Solche Sätze tun weh. Und so allgemein formuliert sind sie bestimmt auch nicht richtig. Aber ohne Groll genauer und konkreter betrachtet, enthalten sie wahrscheinlich eine Portion Wahrheit.

Üben die Kinder Kritik am eigenen Erziehungsverhalten, erscheint dies den Eltern wie blanker Undank. Was hat man alles durchgestanden und in Kauf genommen der Kinder wegen – die vielen unruhigen Nächte, das stets knappe Geld, die wenige Zeit für sich allein ... Und jetzt soll man es auch noch falsch gemacht haben, soll an allem möglichen schuld sein. Zweifellos haben Sie sich nach Kräften bemüht, das vermeintlich Beste für Ihre Kinder zu tun. Was aber das Beste, was gut oder schlecht für sie war, merkt man oft erst hinterher, an den mehr oder weniger deutlichen Folgen. Oder man kann es nur vermuten, so oder auch anders sehen, denn was geworden wäre, wenn ..., kann doch gar keiner wissen.

Und perfekt ist niemand. Niemand kann eine so vielschichtige Aufgabe wie das Aufziehen eines Kindes erfüllen, ohne dabei auch mal Dinge zu tun, von denen man hinterher glaubt, es wäre besser gewesen, es anders gemacht zu haben. Warum also sich dieser nachträglichen Einsicht verschließen? Ist es nicht schön, wenn die Enkelkinder davon profitieren können?

Wenn man es fertig bringt, über solche unterschiedlichen Sichtweisen zu reden, ohne sich gegenseitig die Schuld zuzuschieben, kann das für beide Seiten ein Gewinn sein. Das Verhältnis zwischen Eltern und Großeltern kann von altem Ballast befreit werden, von Kränkungen vielleicht, die bisher nie ausgesprochen wurden. Und beide Seiten können im Umgang mit den Enkeln versuchen, aus den eigenen Erkenntnissen zu lernen.

Alten Ballast abwerfen

Herangewachsene Kinder glauben oft, sie dürften die eigenen Vorbehalte oder Vorwürfe nicht offen aussprechen, um die Eltern nicht zu kränken. Denn dass die sich nach Kräften bemüht haben, sehen sie auch. Aber die Eltern spüren auch diese versteckten Konflikte – sie drücken sich in Gereiztheiten, in Streit um Kleinigkeiten aus. Ein paar Beispiele habe ich bereits weiter vorne genannt.

Auch Eltern mögen, was da an Ungesagtem schwelt, oftmals lieber nicht hören, denn dann müssten sie sich damit auseinander setzen, und das kann wehtun.

Es fordert erst einmal Mut, Dinge auszusprechen, die vielleicht jahrzehntelang unter der Decke gehalten wurden. Der erste Impuls ist wahrscheinlich, sich gegen geäußerte Vorwürfe aggressiv, vielleicht mit Gegenvorwürfen, zur Wehr zu setzen. Aber das führt nicht weiter. Es geht nicht darum, festzustellen, wer Schuld hat an etwas, das nicht mehr zu ändern ist, denn es ist längst vergangen. Wenn eine Tochter ihrem Vater erklärt, sie habe unter seinen oft zu hohen Ansprüchen gelitten, dann ist das so. Es ändert sich auch nicht, wenn der Vater ihr zu beweisen versucht, dass seine Ansprüche nicht überhöht waren. Das eine ist seine Sicht der Dinge, das andere ihre. Aber er kann ihr von seiner Enttäuschung berichten, dass sie – aus seiner Sicht – so wenig Interesse an Dingen gezeigt hat, die ihm sehr wichtig waren. Und er kann von seiner Überzeugung sprechen, dass sie seinen ständigen Ansporn braucht, um ihre Möglichkeiten voll entfalten zu können. Auf diese Weise kann einer die Reaktionen des anderen im Nachhinein besser verstehen. Jeder kann bedauern, dass sein Verhalten beim anderen Wirkungen hatte, die er so nicht wollte. Das kann für beide letztlich sehr entlastend sein, es kann dazu führen, dass beide auf der Ebene als Erwachsene ein neues Verständnis füreinander finden.

Manchmal mögen sich Erlebnisse aus längst vergangener Zeit im Gedächtnis festgesetzt haben, die so läppisch erscheinen, dass man sie dem anderen kaum mitzuteilen wagt. Aber dass sie so lange haften geblieben sind, zeigt, dass mehr hinter ihnen steckt. Wahrscheinlich stehen sie symbolisch für das, was die eigentliche Kränkung ausmachte.

Ich erinnere mich an den Bericht einer jungen Frau, die es ihrer Mutter noch heute verübelt, dass sie ihr als Kind die fest versprochenen rosa Pantoffeln mit den großen Bommeln darauf nicht geschenkt hat. Für die Mutter war das unbedeutend, für die Tochter war es ein Symbol mangelnden Verständnisses. Sie fühlte sich dadurch den Geschwistern gegenüber zurückgesetzt. Es ist durchaus keine Kleinkrämerei, unter diesen Bedingungen noch heute über die rosa Pantoffeln zu sprechen.

Eine Trennung auf Zeit ist keine Katastrophe

Schon mitten in der Pubertät macht sich das Küken auf Partnersuche, schlägt dabei fast alle elterlichen Ratschläge in den Wind, richtet sich nur noch nach dem eigenen Kopf. Muss es auch.

In den meisten Familien ist das eine Zeit der Beunruhigung, der mehr oder weniger heftigen Auseinandersetzungen. Zu früh, zu viele, die falschen – in den Augen der besorgten Eltern eine Katastrophe nach der anderen, die sie zu verhindern versuchen. Die Kinder dagegen wehren sich gegen die aus ihrer Sicht unzumutbare Bevormundung.

Viele junge Leute zieht es deshalb so schnell wie möglich aus dem Haus – eine eigene Bude muss her, in der man endlich sein eigener Herr ist. Oder die Eltern selbst haben die ewige Streiterei satt und setzen Sohn oder Tochter mehr oder weniger unsanft vor die Tür. Das ist überhaupt kein Beinbruch. Eine solche Trennung, eine zeitweise Entfremdung können allen Beteiligten helfen, zu sich selbst zu finden, sich darüber klar zu werden, was sie wollen und was nicht. Oft bessert sich das Verhältnis bald wieder, wenn alle nicht mehr so dicht aufeinander hocken und sich nur hin und wieder sehen.

Manchmal aber brechen Kinder oder Eltern für einige Jahre den Kontakt ganz ab. Es scheint sogar, als seien es manchmal gerade die besonders umsorgten Kinder, die sich mit einem weiten Sprung aus der engen Beziehung lösen und erst mal ganz allein zurechtkommen wollen.

Selbst wenn das ein Bruch im Zorn war, muss er keineswegs von Dauer sein. Vielleicht ist die Geburt eines Enkelkindes ein willkommener Anlass, es unter neuen Bedingungen wieder miteinander zu versuchen.

Die Partner der Kinder sind meistens die falschen

Der Partner, den das eigene Kind sich aussucht, ist in den Augen seiner Eltern selten ganz der oder die Richtige. Meistens hatten sie sich das ganz anders vorgestellt.

Jeder, der ein Kind großzieht, macht sich für dessen Zukunft kühne Hoffnungen. Glück, Zufriedenheit, Harmonie, ein gutes Auskommen, einen ansehnlichen Beruf. Vielleicht soll das Kind auch noch einige der Träume verwirklichen, mit denen die Eltern auf der Strecke geblieben sind. Das Kind soll es einmal besser haben. Wenn dieses Kind, inzwischen erwachsen, ohne Zutun der Eltern einfach jemanden bestimmt, mit dem es die nächsten Jahre zusammenleben möchte, fühlen die Eltern sich um einen Teil ihrer Bemühungen und ihrer kühnen Hoffnungen betrogen.

Vermutlich gibt es jedoch den Traumpartner, den sie sich vorstellen, gar nicht. »Was, so eine verhuschte Maus für mein Prachtstück von Sohn? Ob die ihm intellektuell überhaupt gewachsen ist?« »Ausgerechnet ein Bauschlosser? Wenn er wenigstens Ingenieur wäre!« »Was, ein Künstler? Und wovon wollt Ihr leben?«

Zwischen Vätern und Töchtern, Müttern und Söhnen kommt noch eine gehörige Portion Eifersucht dazu. Für viele Töchter ist der Vater zunächst das Wunschbild von einem Mann. Sie himmelt ihn an, und er zeigt sich ihr gegenüber von seiner besten Seite. Oder er bildet sich das zumindest ein. Und plötzlich macht ihm ein Hänfling mit Pubertätspickeln Konkurrenz! So jedenfalls ist seine Sicht. Dass dieser junge Mann unglaublich klug, dazu feinfühlig und liebevoll ist, nimmt er vielleicht, gerade weil er so eifersüchtig ist, gar nicht zur Kenntnis. Wenn so ein junger Mensch dann spürt, dass er bei seinem Gegenüber auf Vorbehalte stößt, benimmt er sich oft auch provozierend oder ungeschickt.

Und wer ist schuld daran, dass da eine offenbar ganz unpassende Liaison zustande gekommen ist? Natürlich der oder die andere. Hat dem Eigenen den Kopf verdreht, sie »rumgekriegt«, ihm was vorgemacht. Versucht, sich ins gemachte Nest zu setzen ... Wenn es über dieser Partnerwahl zu Streit zwischen Jung und Alt kommt, oder wenn die jungen Leute einen Lebensstil entwickeln, den die Eltern nicht gutheißen, dann versucht aus ihrer Sicht bestimmt der oder die andere, das eigene Kind negativ zu beeinflussen und den Eltern zu entfremden. Muss ja, denn der eigene Sohn oder die eigene Tochter kann es ja gar nicht sein. Wie hat Christian Morgenstern in seinem Gedicht *Die unmögliche Tatsache* das so schön formuliert? »Weil, so schließt er messerscharf, nicht sein kann, was nicht sein darf.«

Und da haben es angehende Schwiegertöchter und Schwiegersöhne schwer. Sie müssen eine Prüfung ablegen und haben von Anfang an schlechte Chancen, sie zu bestehen.

Aber da heute kaum noch jemand erwartet, dass der oder die Auserwählte der Partner für das ganze weitere Leben sein wird, ist der Druck nicht mehr so groß wie zu unserer Zeit. Erinnern Sie sich noch an Ihre ersten Besuche bei den Schwiegereltern?

Die meisten jungen Leute prüfen heute lange, wiederholt und gründlich, bevor sie sich so weit binden, dass sie mit jemandem zusammen ein Kind großziehen möchten, wenn es nicht gerade aus Leichtsinn über sie kommt. Und die Eltern sind vielleicht nicht geneigt, jede neue Flamme ganz genau kennen zu lernen, schon, um sich zu wiederholten Malen diese gefühlsmäßigen Schleudertouren zu ersparen. Erst mal abwarten ...

Aber wenn ein Kind kommt, wird es ernst. Die Geburt eines Enkelkindes ist für die meisten ein Anlass, näher aufeinander zuzugehen, sich als Angehörige derselben Familie zu akzeptieren. Die Vorbehalte, die Eifersucht, die Vorurteile und Missverständnisse sind damit jedoch nicht vom Tisch. Sie können um des lieben Friedens willen vorübergehend unter den Teppich gekehrt werden, aber da bleiben sie wahrscheinlich unverändert liegen und bilden hässliche Beulen. Und über die werden Sie beim Umgang mit dem Enkelkind immer wieder stolpern. Sie glauben vielleicht, es gäbe nur ein paar Meinungsverschiedenheiten darüber, wie oft der Krümel auf den Topf gesetzt werden sollte oder wann er ins Bett gehört. In Wirklichkeit werden all diese Alltäglichkeiten aus einem grundsätzlichen Misstrauen zwischen Ihnen und Ihrer Schwiegertochter gespeist. Wenn sie eine bestimmte Meinung äußert, juckt es Sie einfach, das Gegenteil für richtig zu halten. Und ihr geht es mit Ihren Ansichten genau so. Das kann ewig so weitergehen, wenn Sie nicht versuchen, das Verhältnis zu klären. Sie müssen sich ja nicht gleich furchtbar lieb haben. Diesen Anspruch sollten Sie weder an sich noch an Ihre Schwiegertochter oder Ihren Schwiegersohn stellen. So etwas muss wachsen. (Und manchmal wächst es vielleicht auch nicht.)

Aber achten, für voll nehmen, tolerieren müssen Sie einander. Gucken Sie nicht immer nur auf die Fehler, die das neue Familienmitglied in Ihren Augen hat. Achten Sie einmal auf liebenswerte Eigenheiten. Die hat jeder, die muss auch dieses Menschenkind haben, sonst hätte sich Ihr Kind nicht mit ihm eingelassen. Im Übrigen sollen ja nicht Sie mit dieser Partnerin/diesem Partner glücklich sein, sondern Ihr Sohn, Ihre Tochter. Das ist nicht das Gleiche!

Reden Sie miteinander. Sagen Sie offen, wenn Sie etwas freut, aber auch, wenn Sie etwas ärgert oder beunruhigt. Nur so kann einer den anderen besser kennen lernen. Riskieren Sie lieber mal einen fairen Streit (Tipps dazu finden Sie in dem Kapitel *Streit muss sein, aber richtig!*, S. 181 ff.), als dauernd unter diesem unterschwelligen Misstrauen zu leiden.

Gar keine »richtige« Familie?

Manchmal wissen Großeltern heute gar nicht so recht, woran sie eigentlich sind. Da lebt ihr Sohn vielleicht mit einer Frau zusammen, die schon zwei Kinder hat. Ist das nun eine Sache von Dauer? Ist sie ihre Schwiegertochter, sind die Kinder ihre Enkelkinder oder nicht? Sie konkurrieren dann vielleicht noch mit zwei weiteren Großelternpaaren – welche sind denn nun die »richtigen«?

Es ist wenig sinnvoll, bei dieser Frage nur nach Papieren, nach verbrieften Unterlagen zu fragen. In gerichtlichen Auseinandersetzungen muss das wohl manchmal so sein. In der Familie muss es das nicht. Die Eltern, die Großeltern sind die »richtigen«, zu denen Kinder eine warme, vertrauensvolle Bindung entwickeln. Die kann genauso gut zu einem »mitgebrachten« wie zu einem blutsverwandten Kind bestehen. Und diese Bindung muss sich nicht ändern, falls die Eltern die Partner wechseln.

Ehen ohne Trauschein werden heute genau so selbstverständlich gelebt wie die formell anerkannten. Die einen halten so lange oder so kurz wie die anderen. Im Interesse der Kinder liegt es allerdings, dass solche Partnerschaften möglichst stabil bleiben, nicht ohne zwingende Gründe wieder aufgegeben werden. Viele junge Leute neigen heute dazu, bei Konflikten zu schnell auseinander zu laufen, anstatt sich auseinander zu setzen, sich zusammenzuraufen und vielleicht auch einfach die eine oder andere Marotte zu ertragen.

Gefühlsmäßig in eine ganze Familie eingebunden zu sein, ein freundschaftliches, vertrautes Verhältnis auch zu Brüdern, Schwestern und Eltern des Partners, der Partnerin zu haben kann vielleicht manche voreilige Trennung verhindern.

Die meisten Trennungen und Scheidungen gehen heute von Frauen aus. Diejenige trennt sich leichter, die ohnehin den Eindruck hatte, in dieser Familie nicht gern gesehen, nicht recht anerkannt zu sein. Deswegen haben auch Großeltern einen Anteil daran, ob ihre Enkelkinder ein dauerhaftes Nest zum Aufwachsen behalten oder nicht.

Manche Großeltern bemühen sich liebevoll um ihre Enkelkinder, ob sie nun mit ihnen verwandt sind oder nicht, nach dem Motto »Die Kinder können schließlich nichts dafür«. Sie halten aber kritischen Abstand zu ihrem Schwiegersohn, zu ihrer Schwiegertochter. Ich glaube, dass das kein guter Zustand ist, dass er sich auf Dauer nicht konfliktfrei durchhalten lässt. Wer das Enkelkind will, muss auch das Schwiegerkind akzeptieren, sich um Vertrauen, Verständnis und Nähe bemühen. Denn Kinder haben beide Eltern lieb. Sie spüren es, wenn gegen einen von beiden bei den Großeltern Vorbehalte bestehen, und geraten in einen Gefühlskonflikt, mit dem sie nur schwer umgehen können. Zuneigung zu Oma empfinden sie dann als Verrat an Mutti oder Vati und umgekehrt. Tun Sie das Ihren Enkelkindern nicht an.

Schwiegermutter, Schwiegertochter

Wie war das bei Ihnen, als Sie das erste Mal längere Zeit mit Ihren Schwiegereltern verbracht haben?

Sicher sind Sie bald auf Gewohnheiten gestoßen, die Ihnen fremd waren. Nichtigkeiten vielleicht – die Bettwäsche kam auf links gedreht auf die Leine und in den Schrank, bei Ihnen aber wurde sie wieder auf rechts gedreht, bevor sie in den Schrank kam. Die Bouletten hießen vielleicht Frikadellen, wurden klein und rund geformt, nicht, wie bei Ihnen, größer und flach. Alles unwichtig, keine Auseinandersetzung wert. Aber hat es solche Auseinandersetzungen nicht trotzdem gegeben? Verteidigten Sie mit Ihren häuslichen Gewohnheiten nicht auch die Verbundenheit mit Ihrer Familie, wehrten sich dagegen, von der neuen Familie vereinnahmt zu werden? Versteckte sich hinter der Gereiztheit um Namen und Größe der Bouletten nicht auch eine Konkurrenz um Anerkennung und Autorität?

Verglichen Sie nicht die Schwiegermutter mit Ihrer Mutter, den Schwiegervater mit Ihrem Vater und wollten, dass die eigenen Eltern dabei besser abschnitten? Oder verlief es bei Ihnen anders? Gingen Sie mit offenen Armen auf Ihre Schwiegereltern zu, vielleicht weil Sie mit den eigenen Eltern nicht sehr glücklich waren? Und erwarten Sie von Ihrer Schwiegertochter jetzt das Gleiche?

Jedenfalls lohnt es sich, nach solchen Hintergründen zu suchen, wenn einem der Anlass für eine Gereiztheit, für einen heftigen Wortwechsel gar zu läppisch erscheint. Was steckt eigentlich dahinter?

Worum rangeln Sie heute mit Ihrer Schwiegertochter? Um das optimale Einräumen der Spülmaschine, um das Abschließen der Garage oder das geeignete Schulbrot für die Kinder? Geht es wirklich nur um diese Fragen oder um mehr?

Wie haben Sie Ihre Schwiegereltern angeredet? Mutti, Vati, Mama, Papa, Fritz, Grete? Genau so wie Ihre Eltern oder anders?

Junge Menschen, die eine liebevolle Beziehung zu den eigenen Eltern haben, tun sich oft schwer damit, die ihnen zunächst ziemlich fremden Menschen genau so anzureden. Lieber vermeiden sie über lange Zeit möglichst jede direkte Anrede. Das aber wirkt unfreundlich und irgendwann kränkend. Viel besser ist es, bald nach dem Kennenlernen offen darüber zu reden und eine neue, noch nicht »besetzte« Anredeform zu verabreden. Je länger Sie damit warten, desto schwieriger wird es.

»Die Eltern meiner Schwiegertochter«

Wenn Sohn oder Tochter eine eigene Familie gründen, kriegen Sie es noch mit einem weiteren »Familienzuwachs« zu tun, nämlich dem anderen Großelternpaar. Das wird bei uns so wenig wichtig genommen, dass es gar keine eigene Bezeichnung für diesen Verwandtschaftsgrad gibt. In anderen Kulturen, in denen Verwandtschaftsverhältnisse eine viel größere Rolle spielen, zum Beispiel in Indien, existiert für Schwiegereltern untereinander eine eigene Anredeform, dort würden Sie die Mutter Ihrer Schwiegertochter, Ihres Schwiegersohnes mit »Samdhin« anreden.

Sie haben im Grunde mit diesen Menschen sehr viel gemeinsam. All die Besorgnisse und fürsorglichen Bemühungen um das junge Paar gibt es auch auf deren Seite.

Trotzdem ist dieses Verhältnis oft eher durch heftige Konkurrenz gekennzeichnet. Leben Sohn und Schwiegertochter ganz anders, als das bei Ihnen zu Hause üblich war, dann muss dieser Einfluss, den Sie wahrscheinlich für negativ halten, aus dem anderen Elternhaus kommen.

Aber denken Sie bitte daran: Die anderen Großeltern wollen wie Sie das Beste für Kind und Enkelkind. Sie halten wiederum für richtig und normal, was bei ihnen zu Hause üblich war, begegnen Ihnen womöglich mit denselben Vorbehalten. Wenn Sie glauben, den Haushalt oder die Gewohnheiten der jungen Leute in Ihrem Sinne umkrempeln zu müssen, können die anderen Großeltern das mit dem gleichen Recht versuchen. Ist es da nicht besser, wenn beide sich möglichst ganz heraushalten und die jungen Leute einen eigenen, dritten Weg finden lassen?

Auch Eifersucht regt sich oft, wenn Kinder und Enkelkinder mit zwei Großelternpaaren umgehen. Warum besuchen sie schon wieder die anderen Großeltern, warum mich oder uns seltener? Mögen die Enkelkinder die andere Oma etwa lieber? Wahrscheinlich lässt sie ihnen alles durchgehen oder besticht sie mit Geschenken. Meinen Sie das im Ernst?

Je weniger die Großelternpaare sich kennen, desto leichter blühen solche Vorurteile. Sollten Sie sich vielleicht etwas häufiger treffen, auch mal ohne die Kinder und außerhalb großer Familienfeiern?

Es kann allerdings auch vorkommen, dass Sie trotz guten Willens mit diesen Menschen einfach nicht auskommen. Dann müssen Sie sie eben meiden, aber sich möglichst auch verletzender Kritik enthalten. Denn es belastet zwangsläufig die Beziehung des jungen Paares, wenn es ständig zwischen den Eifersüchteleien von Eltern und Schwiegereltern vermitteln muss. Und selbst die Enkel müssen womöglich noch lernen, was sie wo nicht sagen dürfen, damit niemand eifersüchtig wird. Das ist doch schade.

Andere Familie, andere Sitten

Es geht Sie nichts mehr an, wie die jungen Leute ihr Leben und ihre Wohnung einrichten, ihr Geld einteilen, ihre Freizeit gestalten.

Erwartet Ihre Schwiegertochter, dass Ihr Sohn die Fenster putzt und seine Hemden selber bügelt? Oder trägt er, seit er verheiratet ist, nur noch ungebügelte Hemden?

Ehe Sie anfangen, den armen Jungen zu bedauern, seine Hemden wieder selbst zu bügeln oder böse Bemerkungen über die pflichtvergessene Schwiegertochter zu machen: Hätten Sie nicht auch gern einen Mann gehabt, der Fenster putzt und Hemden bügelt? Haben Sie sich nicht oft genug darüber beklagt, dass sich Männer vor unangenehmen Notwendigkeiten so gern drücken, dass Sie als Frau das schlechtere Los gezogen haben? Ist es nicht ein Grund zur Freude, wenn sich da langsam etwas ändert? Wenn Ihr Sohn damit einverstanden ist, was betrifft es Sie dann überhaupt? Wenn er es nicht ist, wenn er sich beklagt – kann das nicht auch daran liegen, dass Sie ihn zu sehr verwöhnt haben? Ist es dann nicht höchste Zeit, dass Sie Ihre Schwiegertochter unterstützen, damit er seine Gewohnheiten ändert?

Die Arten, wie sich Menschen ihr Leben einrichten, sind heute sehr vielgestaltig. Die einen nehmen hohe Kredite auf, um sich erst mal eine schicke Wohnung einzurichten, die anderen leben in einem besetzten Haus und schlafen auf dem Fußboden. Die einen heiraten erst und kriegen dann Kinder, die anderen kriegen erst Kinder und heiraten überhaupt nicht. Unterschiede in der Religion, der Kultur, der sozialen Herkunft spielen für viele kaum noch eine Rolle. Die Wahrscheinlichkeit, dass Ihr Sohn oder Ihre Tochter sich das Leben genau so einrichtet, wie Sie das für richtig halten, ist jedenfalls sehr gering. Erinnern Sie sich noch an Ihre Reaktion, als Ihr Schwiegervater sich abschätzig über Ihre Essgewohnheiten äußerte, Ihre Schwiegermutter sich über mangelnde Ordnung oder schlechte Erziehung der Kinder mokierte? Wie fanden Sie das? Waren Sie nicht ziemlich sauer? Waren Sie nicht auch der Meinung, dass sie das gar nichts anging? Bitte denken Sie daran, wenn Sie das nächste Mal feststellen, dass es bei Ihren Kindern und Schwiegerkindern ziemlich »unmöglich« zugeht. Das ist immer eine Frage der Perspektive.

Besonders die Verbindung mit einem Menschen anderer Nationalität und Kultur kann für beide Großelternpaare interessante Erfahrungen bereit halten. Sie bekommen durch das persönliche Beispiel einen viel lebendigeren Einblick in eine andere Kultur, in eine andere Religion, in Essgewohnheiten und Lebensstil, Musik und Tanz, als Sie das je auf einer Urlaubsreise bekämen. Da haben Sie auf einmal Verwandte in der Türkei, in Portugal oder Indien, die Sie sonst nie kennen gelernt hätten.

Sicher, bei den beiden zu Hause wird einiges recht ungewohnt sein – halb ihre Kultur, halb seine. Bei entsprechender Aufgeschlossenheit von allen Seiten eine sehr interessante Mischung.

Vielleicht schmeckt ja auch den Großeltern das fremdländische Essen, und sie lassen sich anregen, auch mal Ingwer, Curry oder Minze ans Fleisch zu tun. Falls Ihnen die deutsche Küche lieber ist, ist es besser, Sie bleiben bei Ihren Gewohnheiten. Hauptsache, Sie behaupten nicht, das sei die einzig vernünftige Küche und das komische Zeug, das Ihr Schwiegersohn oder Ihre Schwiegertochter da zurechtkocht, sei ja nicht genießbar. Geschmäcker sind eben verschieden.

Der Partner spielt jetzt die erste Geige

Wenn das eigene Kind sich mit einem Partner, einer Partnerin zusammentut, werden dessen oder deren Maßstäbe für die gemeinsame Lebensführung wichtiger als die der Eltern. Auf einmal entwickeln Sohn oder Tochter andere Vorlieben, andere Gewohnheiten. Ihre Tochter geht vielleicht mit ihrem Mann zum Tanzkurs, obwohl sie das bisher konsequent abgelehnt hat. Ihr Sohn kommt sonntags nicht mehr zum Kaffee, weil er um die Zeit neuerdings Tennis spielt. Auch der Umgangston kann auf einmal ein anderer werden. Sie können danach leicht den Eindruck haben, dass der oder die Neue Ihnen Ihr Kind entfremdet, weil es auf einmal Verhaltensweisen an den Tag legt, die es sonst nie hatte.

Aber wer sich auf einen neuen Partner einstellt, muss dem anderen in den Verhaltensweisen und Vorlieben ein Stück entgegengehen. Wie soll da sonst etwas Gemeinsames entstehen? Der innige Umgang mit einem anderen Menschen, der Einstieg in neue Freundeskreise und Interessensgebiete hat deshalb auch immer charakterliche Veränderungen zur Folge. Neues wird wichtig, vorher Wesentliches tritt in den Hintergrund. Das muss durchaus kein Nachteil sein, auch wenn es Ihnen vielleicht so vorkommt. *Ihr Kind* soll in diesen neuen Verhältnissen leben, nicht *Sie*! Wichtig ist vor allem, dass Ihr Sohn, Ihre Tochter sich dabei wohl fühlt. Und das müssen er oder sie selbst ausprobieren.

Vom Sinn der Hochzeitsreise

Wenn ein junges Paar sich gefunden hat, geht es aus alter Sitte zunächst für eine nicht zu kurze Zeit auf eine Reise. Das heißt, es reißt sich los aus allen bisherigen Bindungen und Gewohnheiten. Es lässt hinter sich, was bisher sein Leben bestimmte, konzentriert sich ganz darauf, etwas Neues, Gemeinsames aufzubauen.

Betrachten Sie ruhig auch die ersten Jahre einer solchen Beziehung als eine fortdauernde Hochzeitsreise – bestimmt nicht so unbeschwert und vergnüglich, aber möglichst unbelastet von alten Verbindlichkeiten.

Sie ersparen Ihrem Kind seelische Konflikte, wenn Sie nicht darauf bestehen, dass zwischen Ihnen alles so bleibt, wie es bisher war. Wenn Sie ohne Vorwurf in den Hintergrund treten, Sohn oder Tochter nicht in einen Konkurrenzkampf hineinmanövrieren, nach dem Motto »An wem liegt dir mehr, an dieser Frau oder an uns?«. Sie können dabei außerdem nur verlieren!

Je gelassener Sie auf eine vorübergehende Entfremdung reagieren, desto größer ist die Wahrscheinlichkeit, dass später, wenn sich die Beziehung der beiden konsolidiert hat, auch das Verhältnis zu Ihnen wieder ein engeres, vertrauteres wird.

Lasten Sie die Verantwortung für die Entfremdung nicht einseitig dem dazugekommenen Partner an, im Sinne von »Wir hatten so ein gutes Verhältnis zu unserer Tochter, aber seit sie diesen Mann kennt, ist sie wie verwandelt. Der hat einen schlechten Einfluss auf sie.«

Es ist auch unfair, mit Sohn oder Tochter über die Schattenseiten des Partners diskutieren zu wollen. Wenn die beiden es ernst miteinander meinen, müssen sie einander in wichtigen Dingen Dritten gegenüber verteidigen. Und Eltern sind in dem Falle nun mal Dritte! Es mag ja sein, dass der neue Schwiegersohn viel lockerer mit dem Geld umgeht, als das bei Ihnen üblich ist. Aber vielleicht findet Ihre Tochter das ganz reizvoll, nachdem sie bisher immer gelernt hat, dass man jeden Groschen dreimal umdrehen muss, bevor man ihn ausgibt. Selbst wenn sie im Grunde der gleichen Meinung ist wie ihre Eltern –

das ihnen gegenüber zuzugeben erschiene ihr als Verrat. Also wird sie seine Art verteidigen und sich damit seiner Sicht der Dinge eher annähern, als wenn die Eltern nichts dazu gesagt hätten. Je mehr Eltern zur Kritik an ihrem Schwiegersohn oder ihrer Schwiegertochter neigen, desto eher tragen sie dazu bei, dass das eigene Kind sich noch mehr von ihnen entfernt.

Denken Sie daran, wenn Sie wieder einmal das Gefühl haben, mit der Gründung einer neuen Familie habe sich Ihr Kind unerträglich weit von Ihnen entfernt – die jungen Leute sind wohl innerlich noch immer auf der Hochzeitsreise. Haben Sie Geduld.

Allein erziehend mit Kind

Zweifellos gehört ein Partner dazu, wenn Ihr Sohn/Ihre Tochter Sie zu Großeltern macht. Aber es ist nicht selbstverständlich, dass die beiden noch zusammenhalten, wenn das Baby auf der Welt ist. Immer mehr Kinder wachsen mit nur einem Elternteil auf, die weitaus meisten mit der Mutter. Eine junge Frau, die ihren Eltern eröffnet, sie erwarte ein Baby, habe aber nicht die Absicht, mit dem Vater des Kindes zusammenzuleben, ist ihren Eltern meistens ein Anlass zur Sorge. Trotzdem muss es allein ihre Entscheidung bleiben, ob sie das Baby behalten will oder nicht. Sie braucht in dieser Situation Unterstützung und Ermutigung, nicht Vorwürfe. Es hat wenig Aussicht auf Dauer, wenn zwei junge Leute, die sich schon nichts mehr zu sagen haben, wegen des Kindes zusammenbleiben.

Andererseits muss der junge Vater nicht gleich aus allen seinen Pflichten entlassen werden und sich darauf beschränken, Unterhalt zu zahlen. Viele junge Paare praktizieren heute Zwischenlösungen. Sie leben für sich oder in neuen Partnerschaften, der Vater beteiligt sich jedoch an der Betreuung des

Kindes, springt in Notsituationen ein, übernimmt das Kind in den Ferien ... Wo sich dergleichen vereinbaren lässt, ist es für das Kind sicher eine Bereicherung und für die Mutter eine Entlastung. Außerdem wirkt es bei den Männern der Einstellung entgegen, sie könnten sich mit ein paar Geldscheinen von allen Verpflichtungen loskaufen. Manche sehen das auch anders, sie sagen:»Wenn ich schon zahlen muss, will ich von meinem Kind auch was haben.«

Sollte Ihr Sohn Sie in dieser Weise zu Großeltern machen, ermutigen Sie ihn, den Kontakt zu Mutter und Kind aufrechtzuerhalten. Ist es Ihre Tochter, drängen Sie sie nicht, eine Verbindung mit einem Mann einzugehen oder aufrechtzuerhalten, den sie nicht liebt. Sicher ist es leichter, ein Kind zu zweit aufzuziehen, sicher haben allein erziehende Mütter oft große Nachteile zu ertragen – wenig Freizeit, wenig Geld, wenig Aufstiegschancen im Beruf. Aber für das Kind ist ein Aufwachsen allein mit Mutter nicht nachteiliger als das Ertragen einer zerrütteten Ehe oder Partnerschaft.

Gerade in einer solchen Situation können Großeltern eine sehr hilfreiche Funktion haben – für die Mutter und für das Enkelkind. Ein Opa kann das männliche Leitbild verkörpern, das dem vaterlosen Kind fehlt. Opa oder Oma als Babysitter helfen der Mutter, Kind und Beruf unter einen Hut zu bringen, Freunde zu besuchen, eine Fortbildung zu machen, den Anschluss ans Leben nicht zu verlieren.

Manche Großmutter, deren Tochter selbst noch ein halbes Kind ist, neigt dazu, noch einmal den Laden zu schmeißen, als sei sie selbst die Mutter des Enkelkindes. Und die jungen Leute lassen sich vielleicht recht bereitwillig eine Verantwortung abnehmen, der sie sich noch nicht gewachsen fühlen. Aber in eine solche Verantwortung muss man hineinwachsen, indem man sie übernimmt. Und auch die Beziehung zu einem Kind muss wachsen durch den alltäglichen Umgang mit ihm.

Nehmen Sie den jungen Eltern nicht zu viel ab. Helfen Sie ihnen, sich selbst zu helfen, an ihrer Aufgabe zu wachsen, statt sie weiterzugeben.

Die optimale Distanz finden

Es gibt Kulturen, da leben die Generationen einer Familie sehr eng zusammen, in unserer Kultur ist eher das Gegenteil die Regel. Gerade junge Paare sind oft wild entschlossen, erst mal sich selbst und anderen zu beweisen, dass sie auch gut allein zurechtkommen.

Wenn man ein eigenes Häuschen mit ausbaufähigem Dachgeschoß besitzt, ist die Wahrscheinlichkeit größer, dass die jungen Leute da wohnen bleiben, als wenn man in einer Mietwohnung lebt. Wer auf dem Lande keinen Job findet, zieht vielleicht in die Großstadt, die Studentin zieht in die Nähe der Universität, an der sie einen Studienplatz bekommt. Junge Eltern ziehen der Kinder wegen aufs Land.

Diese und einige andere Bedingungen bestimmen oft darüber, wie eng beieinander, wie weit voneinander entfernt Großeltern und Enkelkinder leben.

Darüber hinaus entscheiden aber auch persönliche Eigenheiten darüber, wie eng die Generationen ihr Leben miteinander verknüpfen. Die einen nehmen Oma selbstverständlich mit in den Familienurlaub, andere möchten das auf keinen Fall tun. Die eine Oma fährt gern mit, die andere besteht darauf, besonders im Urlaub endlich ihre »Kinderlosigkeit« zu genießen.

Die einen finden es ideal, wenn Alt und Jung im gleichen Haus wohnen, andere haben lieber ein paar Straßen, ein paar Orte Abstand zwischen sich. Die einen möchten sich täglich sehen, andere wöchentlich, noch andere finden, dass einmal im Monat reicht.

Wenn Alt und Jung hier der gleichen Ansicht sind, können sich beide (hoffentlich) ihr Leben entsprechend einrichten.

Haben Sie hinsichtlich Distanz und Nähe dieselben Vorstellungen wie Ihre Kinder? Haben Sie darüber schon nachgedacht? Sucht der eine mehr Nähe, als dem anderen recht ist? Wie viel Anteilnahme ist von beiden Seiten erwünscht, was wird als Einmischung erlebt?

Es trifft durchaus nicht immer zu, dass die ältere Generation mehr Nähe sucht als die jüngere. Manchmal meinen auch die Jüngeren, sich mehr um die Älteren kümmern zu müssen, als denen lieb ist.

Versuchen Sie, die optimale Nähe zwischen sich auszuloten und einzuhalten, dann geht es allen dabei gut. Patentrezepte gibt es dafür nicht. Was für andere optimal ist, muss für Sie noch lange nicht so sein. Sie sind keine schlechtere Großmutter, kein schlechterer Großvater, wenn es Ihnen genügt, Ihre Enkel einmal im Monat oder noch seltener zu sehen. Nicht die sind die besten, die unentwegt beieinander hocken, obwohl sie sich dabei gar nicht wohl fühlen. Sagen Sie auch nicht: »Kommt doch morgen wieder«, wenn Sie es nicht so meinen. Laden Sie Kinder und Enkelkinder lieber seltener ein, dann aber von Herzen. Erbitten Sie das Gleiche von den jungen Leuten. Dann dürfen Sie allerdings über ein ehrliches Wort – »Morgen passt es mir nicht so gut, komm lieber nächste Woche« – auch nicht gekränkt sein.

Vielleicht sind Ihnen alle die hier beschriebenen Probleme fremd, und Sie finden sich in diesem Kapitel nicht wieder. Sie hatten von Anfang an ein sehr erfreuliches Verhältnis zu Ihrem Schwiegerkind – sind erfreut über Ihre Schwiegertochter, stolz auf Ihren Schwiegersohn (oder umgekehrt!). Dann freuen Sie sich!

Eine kurze Skizze der kindlichen Entwicklung

Großmütter, auch Großväter, die zum ersten Mal ihr Enkelkind auf dem Arm halten, fühlen sich oft schrecklich unbeholfen. So was Kleines, Zerbrechliches sollen sie vor zig Jahren selbst versorgt und großgezogen haben? »Wie habe ich das bloß gemacht?« Alles vergessen! Haben Sie Mut! Ganz schnell werden Sie die richtigen Handgriffe wieder beherrschen, das Halten, Fläschchengeben, Bäuerchenherausklopfen, Windelnwechseln. Kein kompliziertes Zipfelverschlingen mehr, kein ideologischer Streit um Breitwickeln oder nicht – mit Wegwerfwindeln lässt sich noch viel leichter umgehen.

Aber manches von dem, was Sie damals genau wussten, liegt vermutlich noch tief vergraben, weil Sie dieses Wissen lange nicht gebraucht haben.

Ich möchte Ihnen mit dem Folgenden helfen, das Verschüttete wieder auszugraben, außerdem einiges erklären, was sich verändert hat, seit Ihre Kinder klein waren.

Großeltern machen sich oft große Sorgen, dass mit dem Kind dies oder jenes nicht in Ordnung sein könnte, dass es sich nicht so entwickelt, wie es sollte, dass die jungen Leute da vielleicht was falsch machen. Zu vieles haben wir im Laufe der Jahre gehört und gelesen, was passieren kann, was sich durch kleine Anzeichen ankündigt, aber schlimm werden kann, wenn man es nicht rechtzeitig bemerkt.

Junge Eltern sind meistens optimistischer, sie gehen das Ganze einfach an und verlassen sich darauf, dass schon alles gut sein wird.

Es kann aber auch umgekehrt sein. Die Jungen sind die Ängstlichen, sie überschlagen sich fast vor Umsicht und Fürsorge, und wir wollen ihnen etwas vermitteln von unserer beruhigenden Erfahrung, dass Kinder ziemlich robust sind und meistens trotz aller Bedrohungen oder Elternfehler gesund heranwachsen.

Wie dem auch sei – eine kurze Skizze der »normalen« Entwicklung soll Ihnen mehr Sicherheit geben. Machen wir gemeinsam einen Streifzug durch die wichtigsten Stationen der kindlichen Entwicklung, sehen wir dabei gleich nach, wie gerade Sie, die Großeltern, bei den einzelnen Entwicklungsschritten helfen können.

Im ersten Vierteljahr

Im ersten Lebensjahr eines Kindes kann man noch ziemlich genaue Angaben darüber machen, was es wann tut oder kann. Denn in dieser Zeit spielt noch die Reifung des Gehirns und der Nervenbahnen eine maßgebliche Rolle. Je älter das Kind wird, desto unterschiedlicher verläuft die Entwicklung, weil Umwelteinflüsse, Erfahrungen, Lernen eine immer größere Rolle spielen.

Außerdem ist das mit der Beschreibung der durchschnittlichen Entwicklung so eine Sache. Man konstruiert damit ein künstliches Durchschnittskind, das es so ganz selten gibt. Die meisten Kinder sind mit einigen Fähigkeiten recht weit voraus, mit anderen ein Stück zurück. Die Streubreite kann beträchtlich sein, und trotzdem entwickelt sich das Kind aufs Ganze gesehen recht normal. Viele legen auch mal eine Pause ein, in

63

der anscheinend nichts Neues passiert. Und dann machen sie quasi über Nacht einen großen Sprung nach vorn.

Ich bin deshalb recht vorsichtig mit der Angabe von Altersnormen für bestimmte Fähigkeiten.

Im ersten Vierteljahr lernt das Kind aus der Bauchlage den Kopf zu heben, sich dabei auf die Unterarme zu stützen. Es verfolgt auf dem Rücken liegend einen interessanten Gegenstand immer weiter und länger mit den Augen. Es lauscht sichtbar auf Musik und Geräusche. Es beginnt zu gurren, zu brabbeln, zu krähen. Und vor allem strahlt es gegen Ende jedes freundliche Gesicht, das sich ihm nähert, an. Lächeln konnte es auch schon vorher, aber ungezielt, oft im Schlaf. Jetzt merkt der, der sich dem Kind freundlich widmet, dass er gemeint ist, und dieser Anblick bringt jedes Herz zum Schmelzen.

Früher bezeichnete man das erste Viertel oft als »das dumme Vierteljahr«. Denn für einen flüchtigen Beobachter mag es erscheinen, als könne das Baby überhaupt noch nichts – nur daliegen und schlafen oder schreien. Aufmerksame Eltern und Großeltern haben das vielleicht schon immer anders gesehen. Sie haben die Konzentration, mit der ein Baby versucht, etwas mit den Augen festzuhalten, bemerkt. Sie haben vielleicht auch mit Verblüffung beobachtet, dass es manchmal Grimassen nachahmt, zum Beispiel die Zunge herausstreckt, wenn man ihm das vormacht. Die meisten Mütter können schon nach wenigen Wochen aus der unterschiedlichen Art des Schreiens heraushören, ob ihr Kind müde oder hungrig ist, ob es Schmerzen hat oder sich langweilt. Inzwischen haben auch Fachleute herausgefunden, wie aktiv und zielsicher ein wenige Wochen altes Kind die Menschen, die es betreuen, dazu bringt, genau das zu tun, was es gerade braucht. Man hat sich bei den Untersuchungen der Videotechnik bedient, die es ermöglicht, flüchtige Augenblicke festzuhalten, zu wiederholen und die Bilder zu vergleichen. Man hat mit Verblüffung ganze Muster von

64

Aktion und Reaktion, Kontaktaufnahme oder deren Abbruch bei Überforderung aus diesen Bildern herausfiltern können. Das erste soziale Lächeln ist auf diesem Wege der gegenseitigen Verständigung und Beeinflussung ein wichtiger Meilenstein.

Im zweiten Vierteljahr

Im zweiten Vierteljahr kann das Kind seinen Kopf immer besser selbst halten, es stützt sich aus der Bauchlage schließlich auf die eigenen Hände. Es greift immer gezielter nach Gegenständen, versucht sie in den Mund zu bekommen.

In den nächsten Monaten wird es alles, was es zu packen bekommt, erst mal in den Mund stecken. Denn der ist für eine Weile, solange die Hände noch vergleichsweise ungeschickt sind, das Organ, mit dem es die Dinge erforscht, erforschen muss. Später kaut es auch noch deshalb auf allem herum, weil die durchbrechenden Zähnchen Spannungsgefühle verursachen, die es damit zu mildern versucht.

Es hat keinen Zweck, ihm das abgewöhnen zu wollen. Sorgen Sie dafür, dass das Kind nichts in die Finger kriegt, was es nicht in den Mund stecken darf. Alles andere und möglichst viel muss es eben probieren. Und machen Sie sich nicht verrückt wegen der Hygiene. Ein bisschen Dreck bringt es nicht um. An die Krankheitserreger in der eigenen Wohnung ist es gewöhnt oder wird bald immun gegen sie. Bedenklicher sind schon künstliche Schadstoffe – abplatzende Farben auf Gegenständen, Spritzmittel auf Obstschalen.

Im zweiten Vierteljahr wendet das Kind neugierig den Kopf, wenn es neben sich ein Geräusch hört. Es brabbelt in längeren Silbenketten. Jetzt kann man ihm die ersten kleinen Spielgegenstände schenken. Dinge, die bunt sind, klappern, die man knautschen und schütteln kann. Notwendig ist das aber nicht. Das Kind interessiert sich genauso für einen bunten Löffel, ein Döschen, in dem es klappert. Im Grunde braucht ein Kind in den ersten beiden Jahren überhaupt kein Spielzeug. Es spielt mit allem.

Im dritten Vierteljahr

Im dritten Vierteljahr macht das Kind erste Versuche, sich irgendwie fortzubewegen. Zuerst purzelt es mehr oder weniger zufällig vom Bauch auf den Rücken, wenn es einen Arm mehr streckt als den anderen. Dann versucht es diese »Rolle quer« gezielter. Oder es entdeckt die »Raupenmethode« – so lange mit dem Po hinten nachschieben, bis der Oberkörper fast von allein nach vorn rutscht. Schließlich lernt es zu robben, wobei der Bauch noch über den Boden schleift.

Im dritten Vierteljahr lernt es auch, mit beiden Händen gleichzeitig zu greifen, Gegenstände hin und her zu wenden und absichtlich fallen zu lassen. Wappnen Sie sich schon mal mit Geduld – es erwartet, dass Sie immer alles wieder aufheben. Für die meisten ist das eines der ersten interessanten Spiele mit einem anderen Menschen – etwas fallen lassen und dann gespannt warten, bis der es wieder aufhebt.

Das Kind sucht jetzt Verschwundenes mit den Augen und hat es nicht wie noch vor kurzem in dem Moment vergessen, da es verschwindet.

Dann beginnt auch die Zeit, in der es begeistert »Verstecken« spielt. Wenn Sie sich oder ihm etwas vors Gesicht halten, versucht es das wegzuschieben und freut sich diebisch, wenn es Sie wieder sieht.

Im dritten Vierteljahr kriegen die meisten Kinder ihren ersten Zahn. Aber das muss nicht so sein. Es gibt Kinder, die den ersten Zahn bald nach der Geburt bekommen, andere sind am ersten Geburtstag noch zahnlos. Für die einen ist Zähnekriegen verbunden mit Unruhe und Schmerzen, durchwachten Nächten und Fieber, bei den anderen stoßen die Eltern eines Tages überrascht mit dem Löffel drauf. Von Eltern und Großeltern wird dieses erste kleine weiße Ding meist gespannt erwartet. Je mehr das Baby zu sabbern beginnt, je heftiger es auf allem herumkaut, desto näher rückt der erste Zahn.

Im vierten Vierteljahr

Im vierten Vierteljahr hebt das Kind seinen Körper aus der Bauchlage auf Hände und Knie und lernt dann immer besser zu kriechen. Es kommt selber zum Sitzen, die meisten können schließlich längere Zeit frei sitzen. Aber es gibt auch Kinder, die erst frei sitzen können, wenn sie stehen und laufen gelernt haben.

Die meisten Kinder ziehen sich im vierten Vierteljahr zum Stehen hoch und laufen schließlich seitwärts an Möbeln entlang.

Das Kind klopft Gegenstände gegeneinander, probiert sie gezielt wegzuwerfen. Es pult mit spitzem Finger an kleinen Punkten oder Knöpfen. Es lernt, ein Spielzeug an einer Schnur heranzuziehen, aber leider auch, an etwas auf dem Tisch durch Herunterziehen der Tischdecke heranzukommen – Vorsicht!

Es versucht, selber mit den Händen zu essen oder aus der Tasse zu trinken. Lassen Sie es, auch wenn das zunächst viel Geklecker und Geschmiere gibt. Kleine Kinder sind wild darauf, etwas selbst zu machen, und lernen können sie nur durch Üben.

Das Kind freut sich, wenn es gelobt wird, und kann auf kurze Sätzchen sinnvoll reagieren. Da es auch gern Vorgemachtes nachmacht, ist das die Zeit für »Winke-Winke«- und »Wie gut schmeckt das?«-Spielchen und für allerlei Schabernack.

Manche Kinder sagen jetzt zum ersten Mal »Mama« oder »hamham« oder »ne ne«, andere aber erst später. Viele lernen um den ersten Geburtstag herum frei zu laufen, andere erst erheblich später. Es ist jetzt vorbei mit der im Wesentlichen durch Reifung bedingten Entwicklung. Immer größer wird der Einfluss von Temperament und Erfahrung, von Lernen und Üben.

»Lasst mir Zeit«

Aber auch vorher zeigen Kinder schon ausgesprochen individuelle Eigenarten, zum Beispiel in der Art, mit der sie sich am besten fortbewegen. Die einen krabbeln, andere rutschen auf dem Po, wiederum andere richten sich sehr früh auf und versuchen zu laufen. Wann ein Kind die ersten Gehversuche unternimmt, sollte ganz ihm selbst überlassen bleiben. Erst wenn sein Stützapparat den kleinen Körper gut halten kann, erst wenn es in dieser Stellung das Gleichgewicht zu halten vermag, wird es zu laufen versuchen. Oft zögern gerade Kinder, die es im Krabbeln zu einiger Perfektion gebracht haben, sich in die wackelige Senkrechte zu begeben. Warum sollten sie auch?

Es ist sinnlos, sogar schädlich, wenn Erwachsene meinen, sie müssten Kindern das Sitzen, Kriechen, Laufen, das Überwinden von Stufen und das Treppensteigen beibringen, wenn sie so lange an dem Kind herumzotteln, bis ihnen der Rücken wehtut. Jedes Kind versucht diese Bewegungen ganz von selbst, wenn es reif dazu ist. Es wird sich auch viel vorsichtiger bewegen, wenn es sich nicht daran gewöhnt, sich ständig auf stützende und auffangende Arme zu verlassen. Beobachten Sie mal ein Kind, das zum ersten Mal eine Stufe abwärts zu krabbeln versucht. Arm zuerst? Bein zuerst? Sie werden sehen, wie vorsichtig es probiert, bis es eine Methode gefunden hat, mit der es gut zurechtkommt.

Die ungarische Psychologin Emmi Pikler hat die Entwicklung solcher Bewegungsabläufe genau studiert, auf vielen Fotos festgehalten und liebevoll kommentiert, wie unterschiedlich sich Bewegungsabläufe bei Kindern entwickeln. Und sie hat dafür ein Motto gefunden, das auch als Titel ihres bekannten Buches fungiert: »Lasst mir Zeit«.

Aus diesem Grund mache ich über das »Was kommt wann?« mit Absicht nur recht vage Angaben. Jedes Kind entwickelt sein eigenes Tempo. Es ist unsinnig, es ständig an einem statistischen Durchschnittskind zu messen. Es bringt nur Stress, ständig auf Nachbars Lenchen oder Mäxchen zu gucken, ob die oder der schon etwas besser, schneller, sicherer kann. Wichtig ist, dass Ihr Enkelkind regelmäßig Fortschritte macht und dass es offensichtlich daran Freude hat.

Klar, Sie möchten nicht, dass etwas versäumt wird, und wenn Ihnen auf einem Gebiet eine Verzögerung auffällt, möchten Sie sicher sein, dass nichts Ernsthaftes dahintersteckt.

Nehmen die Eltern regelmäßig die Vorsorgeuntersuchungen wahr? Können Sie sie daran erinnern oder ihnen das gelegentlich abnehmen? Bei der Vorsorgeuntersuchung können Eltern Beobachtungen, die ihnen Sorgen machen, sicherheitshalber besprechen, vielleicht genauer untersuchen lassen. Zeigt sich, dass alles in Ordnung ist, fällt es sicher auch Ihnen leichter, dem Kind Zeit zu lassen. Freuen Sie sich über seine Fortschritte, statt ständig auf das zu achten, was noch nicht so gut klappt.

Eine zunächst einseitige Liebesbeziehung

Im zweiten Vierteljahr fängt das Kind an, ihm bekannte Menschen von unbekannten zu unterscheiden. Im dritten wird es darin immer sicherer. Und da kann, falls Sie nicht sehr häufig mit Ihrem Enkelchen zusammen sind, mit dem freundlichen

Anstrahlen erst mal wieder Schluss sein. Das Kind, das sich bis dahin so gern von jedem auf den Schoß nehmen ließ, dreht jetzt, wenn Sie sich ihm zuwenden, brummig den Kopf zur Seite, klammert sich an seiner Mama fest, und wenn Sie es trotzdem auf den Arm nehmen, fängt es an zu schreien. Für Großeltern ist das sehr enttäuschend. Sie empfinden es als ungerecht, dass dieses kleine Wesen, dem sie so herzlich zugetan sind, ihnen auf einmal misstraut. Aber vielleicht trösten sie sich mit der Gewissheit, dass das Kind sich völlig normal entwickelt. Wenn sie nichts erzwingen, aber sehr geduldig »vertrauensbildende Maßnahmen« ergreifen, geht das schließlich vorbei. Nach einigen Monaten weiß das Kind, dass von diesem Menschen keine Gefahr ausgeht. Wenn es erst laufen kann, wird es auch immer empfänglicher für interessante Unternehmungen, und auf dem Gebiet haben ja Oma und Opa meistens viel zu bieten.

Fassen Sie sich aber in Geduld, und nehmen Sie es vor allem nicht persönlich, wenn Ihr Enkelkind noch monatelang nicht von Ihnen auf den Arm genommen werden will, von Ihnen weder die Flasche noch etwas zu essen annimmt. Wenn es sich wütend zur Wehr setzt, falls Sie es ausziehen oder seine Windeln wechseln wollen. Vielleicht akzeptiert es Sie, solange Sie ein interessantes Programm zu bieten haben. Wird es aber müde oder hat es sich wehgetan, dann können Sie ihm gestohlen bleiben, dann will es Mama, und nur die.

Rücken Sie ihm in dieser kritischen Zeit möglichst nicht oder nicht so oft zu eng auf den Pelz. Beschäftigen Sie sich mit ihm, zeigen Sie ihm Ihre Zuneigung, lassen Sie ihm Zeit, sich daran zu gewöhnen, dass Sie dazugehören.

Wenn Sie in dieser Zeit Babysitterdienste übernehmen, wenn die Eltern über Stunden wegbleiben, müssen Sie mit Problemen rechnen. Das Kind wird vielleicht längere Zeit schreien, suchen, schluchzen. Es wird nichts essen und erst recht nicht schlafen, höchstens aus Erschöpfung. Und das hat nichts damit zu tun, dass Sie etwas falsch machen. Es ist nicht vermeidbar.

Das ändert jedoch nichts daran, dass die jungen Eltern, die Mutter gelegentlich das dringende Bedürfnis haben, mal kinderlos etwas zu unternehmen oder etwas Wichtiges erledigen zu müssen.

Wägen Sie die Bedürfnisse des Kindes und die seiner Eltern gegeneinander ab. Jeder muss mal dem anderen zuliebe Unannehmlichkeiten in Kauf nehmen. Das ist kein Grund für ein schlechtes Gewissen oder für Vorwürfe an die pflichtvergessenen Eltern. Und so ein Hascherle geht auch nicht kaputt, wenn es hin und wieder mit Ihnen vorlieb nehmen muss. Denn es merkt trotz allen Protestes, dass Sie ihm nicht übel wollen, dass es Ihnen vertrauen kann. Je zuversichtlicher, je weniger ängstlich Sie mit der Situation umgehen, desto eher gewöhnt sich das Kind daran.

Leichter wird es, wenn Sie von Ihrem Enkelkind als Trost- und Hilfespender, auch in kritischen Situationen, anerkannt sind. Wenn es sich gern von Ihnen auf den Arm nehmen und trösten lässt, wenn es in Ihrem Arm einschläft, wenn es sich von Ihnen füttern oder baden lässt. Dann können Sie den Eltern Ausgang gewähren, sooft Sie das mögen. Und es wird auch leichter und erfreulicher für Sie, weil Sie erleben, dass Ihr Enkelkind Sie lieb hat.

Die Welt begreifen

Wenn das Kind krabbeln, erst recht, wenn es laufen gelernt hat, macht es sich auf, die Welt zu erobern. Es will alles erforschen, anfassen, ausprobieren, be-greifen im wörtlichen Sinne. Es erfährt, wie die Dinge sind, indem es sie betastet – mit dem Mund und mit den Händen. Es erforscht sie, indem es sie dreht und schüttelt, damit klopft oder wirft. Es erlebt Entfernungen, Größenverhältnisse, Perspektiven, indem es die Möbelstücke umrundet, unter sie kriecht oder auf sie klettert. Je unternehmungslustiger ein Kind ist, desto mehr Chancen hat es, ein kluges Kind zu werden.

Für die Erwachsenen ist das eine schwere Zeit, man darf so ein Kind wirklich keinen Moment aus den Augen lassen. Denn ein Einjähriges ist zwar in der Lage, eine Stehleiter bis oben zu erklettern, aber es kann die Gefahr des Herunterfallens überhaupt nicht einschätzen.

Die meisten Eltern werden versuchen, ihre Wohnung, oder wenigstens einen Raum darin, möglichst kindersicher zu machen. Keine scharfen Ecken und Kanten, keine Möbel, die wackeln oder umfallen, wenn man sich daran hochzieht oder später draufklettert, nichts Zerbrechliches in unteren Regalfächern, irgendwie blockierte Schranktüren und Schubfächer. Und nichts, was man bis in gefährliche Höhen ersteigen kann. Damit kann man dem Kind einen möglichst großen gefahrlosen Erfahrungsraum schaffen.

In Omas und Opas Wohnung ist das meistens anders. Wahrscheinlich haben Sie keine Lust, noch einmal die halbe Einrichtung umzukrempeln und all die netten Kleinigkeiten, die sich in der kinderlosen Zeit wieder angesammelt haben, wegzuräumen. Aber was schon einem einzigen kühnen Griff nicht gewachsen ist, das sollten Sie doch in Sicherheit bringen. Und Sie haben sicher schon bald wieder diesen geübten Blick, der herumliegende Messer, Scheren oder kleine verschluckbare Gegenstände sofort entdeckt und rechtzeitig sichert. Ansonsten müssen Sie dem kleinen Wirbelwind eben auf Schritt und Tritt folgen, wenn Sie Ihre Wohnung nicht umräumen wollen.

Was ein Ein- oder Zweijähriges nicht erforschen soll, das muss gesichert oder fortgeräumt werden, damit es das nicht kann. Verbote nutzen nichts, Neugier und Unternehmungslust sind meistens größer. Ich kann zwar solchen Verboten durch Furcht erregende Lautstärke oder einen Klaps Nachdruck verleihen und damit vielleicht erreichen, dass das verschreckte Kind sich daran hält. Das hat allerdings unangenehme Konsequenzen. Ein Kind, dem so etwas häufig widerfährt, zieht leicht die Schlussfolgerung: Neugier kann unangenehme Folgen haben, also halte ich mich mit meinem Forscherdrang lieber zurück. Das wäre für die Erwachsenen zwar bequem, für die Entwicklung des Kindes aber fatal. Kinder müssen neugierig und unternehmungslustig sein. Und es gibt andere Möglichkeiten, das ohne große Schäden zu überstehen.

Ich kann das Kind auch in ein Laufställchen sperren, in dem es sicher aufgehoben ist und keinen Schaden anrichten kann. Aber was wird da aus seinem Forscherdrang? Die eigene Umwelt nur anzugucken genügt nicht! Als Notbehelf für kurze Zeiten, wenn es an der Haustür klingelt oder Oma mal muss, mag so ein sicherer Aufbewahrungsort sinnvoll sein. Als Lösung für Stunden bestimmt nicht. Wenn schon Gitter, dann lieber in der Küchentür oder vor der Treppe, also nicht das Kind einsperren, sondern es aus Räumen aussperren, die zu gefährlich sind.

In dieser Zeit der überbordenden Entdeckerlust können sich Großeltern besonders mit langen Spaziergängen oder Spielplatzbesuchen nützlich machen. Während Eltern es unterwegs meistens eilig haben, weil sie irgendwo hinwollen, können Großeltern geduldig an jedem Gartentörchen stehen bleiben, das erst zehnmal auf- und zugemacht werden muss, beim Erklettern von Mäuerchen assistieren, das Kind zwanzigmal auf die Rutsche heben, damit es mit Gejuchze wieder herunterrutschen kann.

Großeltern sind oft ängstlicher als Eltern, helfen zu viel bei Dingen, die das Kind schon selbst kann – beim Treppensteigen zum Beispiel oder beim Erklimmen der Wippe auf dem Spielplatz. Lassen Sie es doch mal allein machen! Ein Kind, das ständig stützende und helfende Hände spürt, wird sich auf die verlassen. Wenn es aber auf sich selbst gestellt ist, lernt es leichter, seine Bewegungen und die Tücke der Objekte richtig einzuschätzen. Es bewegt sich vorsichtiger und umsichtiger. Dieses selbständige Erproben schützt ein Kind viel besser als ständiges Helfen oder ängstliches Fernhalten. Die oft wiederholte Mahnung »Pass auf, du fällst!« macht ein Kind nur unsicher und fördert eher das, was sie verhindern soll.

Allerdings spricht nichts dagegen, dass Sie bei gewagten Aktionen aufmerksam lauernd danebenstehen, um Ihre helfenden Hände sofort auszubreiten, wenn ein Sturz droht oder die Beinchen sich als gar zu kurz erweisen. Übernehmen Sie aber selbst in solchen Fällen nicht vollkommen die Regie. Beschränken Sie Ihre Hilfe genau auf den einen Punkt, der sie nötig macht. Den Rest kann das Kind wieder allein. Machen Sie sich den Leitspruch von Maria Montessori, einer großen Pädagogin, zu Eigen: »Hilf mir, es selbst zu tun.«

Und an gelegentliche Schrammen und Beulen werden Sie sich (wieder) gewöhnen müssen. Erinnern Sie sich: Bei den eigenen Kindern waren Sie wahrscheinlich weniger ängstlich.

Rechnen und Rückwärtslaufen

Hätten Sie gedacht, dass Sie unter Umständen die späteren Leistungen Ihres Enkelkindes im Rechnen fördern, wenn Sie ihm helfen, auf einem Zaun zu balancieren, oder sich geduldig neben der Rutsche die Beine in den Bauch stehen?

In den letzten Jahren ist beobachtet worden, dass immer mehr Kinder, die sonst nicht auf den Kopf gefallen sind, im Umgang mit Zahlen und Mengen, beim Zuzählen, Abziehen, Malnehmen und Teilen besondere Schwierigkeiten haben.

Und dass viele dieser Kinder motorisch besonders ungeschickt sind. Sie können zum Beispiel schlecht das Gleichgewicht halten, nicht balancieren und nicht rückwärts laufen. Offensichtlich gibt es einen Zusammenhang zwischen der körperlichen Eroberung des Raumes – weit und nah, hoch und tief, vorwärts und rückwärts, und der geistigen Eroberung des Zahlenraumes – mehr und weniger, vergrößern und verkleinern, vorwärts rechnen und wieder zurück.

Wenn man mit rechenschwachen Kindern das geschickte Bewegen übt, fördert man damit auch ihre Fähigkeit zu rechnen.

Dahin muss es nicht erst kommen. Wo ist die nächste Wiese, auf der man Purzelbäume schlagen oder einen Abhang hinunterrollen kann? Was halten Sie, wenn Ihre Enkel schon etwas älter sind, vom Drachensteigen oder Rodeln, vom Ballspielen oder Seilspringen? Auch wenn Sie beim Springen vielleicht schon ein bisschen schnaufen – das Seil drehen können Sie doch!

Sprechen lernen

Wenn ein kleines Kind die ersten verständlichen Worte gebraucht, ist das in den meisten Familien ein großes Ereignis. »Sie hat › Mama‹ gesagt!« Jedes neu hinzugekommene Wort wird freudig registriert, der Bestand hin und wieder mit dem gleichaltriger Kinder verglichen. »Unserer spricht aber schon mehr.«

Wie viele Wörter so ein Kind mit wie viel Monaten spricht, wird sozusagen zum Maß seiner geistigen Möglichkeiten gemacht. Und wenn sich ein Kind zu lange Zeit lässt, bis es »Ball« oder »Auto« sagt, wenn es eigenwillige Varianten erfindet, versuchen Eltern und Großeltern nachzubessern. »Sag mal Mülleimer, Müll-ei-mer.«

Aber solcher Eifer ist unnötig, kann sogar schaden. Ein Kind, mit dem viel gesprochen wird, hat von sich aus das Bedürfnis, den Sinn zu erfassen und die Wörter selbst nachzusprechen.

Lange, bevor es selbst spricht, versteht es, was andere ihm sagen und reagiert entsprechend. Schon das ist eine große Leistung. Und es mag verschiedene Gründe haben, wenn sich ein Kind mit dem Nachsprechen mehr Zeit lässt als andere Kinder. Erstgeborene sprechen oft eher und exakter, weil Erwachsene ihre wichtigsten Gesprächspartner sind. Jüngere Kinder verstehen sich mit ihren Geschwistern auch recht gut ohne Worte. Ein Kind, das zwei Sprachen gleichzeitig kennen lernt, muss besonders viel aufnehmen, wieder erkennen, auseinander halten, braucht deshalb meistens etwas länger, bis es aktiv spricht.

Die Freude der anderen über jedes neue Wort, die Begeisterung, mit der sie es aufnehmen, wiederholen, beantworten, ist dem Kind Belohnung und Ansporn zum Weitermachen.

Auch wenn der »Mülleimer« zunächst als »Lümmereimer« daherkommt – es ist nicht nötig, das augenblicklich richtig zu stellen.

Einige Laute machen mehr Mühe als andere, deshalb wird das Kind fürs Erste zu schwierige durch einfachere ersetzen. Und deshalb sagt es zunächst vielleicht nicht »zu«, sondern »du«. Das können Sie noch so oft richtig stellen, es wird vorerst bei seiner Version bleiben, weil es entweder den Unterschied gar nicht hört oder den Laut nicht anders aussprechen kann.

Aus komplizierteren Wörtern wie dem Mülleimer kann es zunächst die einzelnen Laute nicht so deutlich herausgliedern und nacheinander wiedergeben. Aber eines Tages, wenn es den Unterschied erfassen kann, merkt das Kind selbst, dass Sie das Wort etwas anders sagen, und versucht, sich dem anzupassen. Hauptsache, Sprechen macht Spaß.

Fehler beim Sprechenlernen sind keineswegs ärgerlich, sie zeigen manchmal Fortschritte an, die das Kind macht. Wenn es »gedenkt« oder »hochgehebt« sagt, merkt man daran, dass es die normale Regel für die Bildung der Vergangenheit begriffen hat und anzuwenden versucht. Nur die unregelmäßigen Verben kennt es eben noch nicht. Freude über den Fortschritt ist also angesagt, nicht Kritik für den Fehler.

Wenn Sie die Sprechversuche des Kindes zu häufig korrigieren, schließt es daraus, dass Sprechen eine schwierige Sache ist, bei der man sehr aufpassen muss, dass man nichts falsch macht. Und das kann den Spaß ganz schön bremsen.

Das trifft erst recht zu, wenn das Kind später in ganzen Sätzen spricht, wenn es lange, komplizierte Geschichten wiederzugeben versucht. Da ist dann manchmal der Geist schneller als die Zunge, das Kind stolpert durch seine Sätze, verheddert sich, fängt noch mal von vorn an. Und dann machen die Erwachsenen sich erst recht Sorgen. Hilfe, das Kind stottert! Aber dieses Erschrecken ist zunächst unbegründet. Viele Kinder machen eine kurze Stotterphase durch. Sie geht von selbst vorbei, wenn die Erwachsenen beim Sprechen mit dem Kind Ruhe und freundliche Gelassenheit zeigen. Weist jemand das Kind aber ständig auf seine Fehler hin: »Sprich doch anständig«, »Sag das noch mal richtig«, dann achtet das Kind zu ängstlich darauf, ja nicht falsch zu sprechen. Und dann kann daraus ein lang anhaltendes Stottern werden.

Ein stotterndes Kind achtet nicht zu wenig auf seine Sprache, sondern zu viel. Je lockerer und weniger bewusst es sich von seinem Bedürfnis, etwas mitzuteilen, forttragen lässt, desto rhythmischer und freier wird es sprechen. Je ängstlicher es seine Sprache kontrolliert, desto mehr wird es stottern.

Das ist wie bei anderen rhythmischen Abläufen, beim Tanzen oder Laufen zum Beispiel. Je mehr man die Schritte zu kontrollieren versucht, desto schlechter klappt es, desto mehr läuft man Gefahr, über die eigenen Beine zu stolpern.

Bremsen Sie also lieber Ihren pädagogischen Eifer, Ihrem Enkelkind so früh und so korrekt wie möglich das Sprechen beizubringen. Sprechen Sie einfach mit ihm – nicht zu schnell und nicht zu undeutlich, in kurzen, einfachen Sätzen. Aber Sie müssen nicht in »Babysprache« verfallen, um verstanden zu werden. Auch wenn das Kind »Nane ham« sagt, weiß es bestimmt, was Sie meinen, wenn Sie fragen: »Möchtest du eine Banane haben?« Sie müssen auch nicht jedes schwierigere Wort vermeiden, von dem Sie glauben, dass das Kind es noch nicht kennt. Es ist nicht schlimm, wenn es nicht gleich alles versteht, nicht alles gleich richtig wiedergibt. Das kommt schon noch.

Freuen Sie sich sichtbar über das, was Sie verstehen, auch wenn es noch unvollkommen ist. Es ist ein guter Anfang! Wiederholen Sie ganz nebenbei das Wort, damit das Kind die Möglichkeit zum Vergleichen hat. »Ja, rein damit in den Mülleimer.«

Reden, lachen, singen Sie mit dem Kind, spielen Sie mit der Sprache – mit Unsinns-Sätzchen, mit Reimen und Wortspielen. Lassen Sie dem Kind die Lust an ungewöhnlichen Lautmalereien, statt alles, was es sagt, an der Messlatte »richtig« oder »falsch« zu messen. Sprechen soll kein Leistungssport sein, sondern eine Sache, die Spaß macht.

Allerlei Reime, Gedichte und Zungenbrecher finden Sie ab S. 203.

»Auf einmal ist sie bockig«

Wenn Ihr Enkelkind ein Jahr, anderthalb oder zwei Jahre alt geworden ist, erkennen Sie das liebe, umgängliche Persönchen manchmal kaum wieder. Wenn ihm etwas nicht passt, kreischt es plötzlich in hohen, schrillen Tönen. Manchmal wirft es ohne nachvollziehbaren Grund den Kopf in den Nacken und beginnt zur Verwirrung der Erwachsenen ein ohrenbetäubendes Gebrüll. Was ist plötzlich mit dem Kind los? Und wie verhält man sich da am besten?

Betrachten wir, um das besser zu verstehen, zunächst einmal die Welt mit den Augen des Kindes.

Das Kind von ein oder zwei Jahren erfährt und versteht, dass es ein selbständiges, eigenwilliges Wesen ist. Es kann absichtlich etwas bewirken. Wenn es auf den Lichtschalter drückt, geht das Licht an. Wenn es am Knauf der Schublade zieht, geht die auf und gibt sehr interessante Dinge preis.

Aber von den Absichten der Erwachsenen begreift das Kind noch sehr wenig. Und so verkürzt sich seine Weltsicht oft auf die Erkenntnis: Ich will, aber die anderen lassen mich nicht.

Bis jetzt war es mit seinem Gedächtnis nicht so weit her. Es entdeckte ständig Neues und Interessantes. Aber kaum hatte es sich einer Sache zugewandt, hatte es die, die eben noch interessant und wichtig war, schon wieder vergessen. Die Eltern wussten das zu nutzen. Mit einem »Guck mal da, das Vögelchen!« konnten sie dem jüngeren Kind leicht entwinden, was es wieder loslassen sollte. Jetzt wird das anders. Das Kind weiß trotz des Tricks mit dem Vögelchen noch, was es eben wollte.

Das Kind, das jetzt zum ersten Mal erfährt, was es heißt »Ich will«, stößt überall auf Hindernisse, die es ihm schwer machen, seine Absichten auch zu verwirklichen. Es lebt wie ein Zwerg unter Riesen. Viele Gegenstände erweisen sich als sperrig, weil sie für Größere, Geschicktere gemacht sind. Stühle, Tische und Türklinken sind zu hoch, Möbelstücke fallen um, wenn man versucht, sie zu erklimmen. Und die Erwachsenen sind entmutigend groß und mächtig. Sie können alles, was das Kind nicht kann, sie halten fest, was es haben möchte, oder heben es gar einfach hoch und tragen es weg. Ist es ein Wunder, wenn so ein Kind da oft in ohnmächtige Wut gerät?

Erwachsene geben für das, was sie tun oder wollen, oft wortreiche Erklärungen. Das Kind begreift schon, was für ein Wundermittel die Sprache sein kann. Aber gerade wenn es aufgeregt ist, kommt es mit dem Sprechen und Erklären noch nicht sehr weit. Da bleibt ihm nur die eine Methode, sich mitzuteilen: Es brüllt, es kreischt, es stampft mit den Füßen.

Im Umgang mit diesen heftigen Emotionen ist es noch ungeübt. Einmal in Rage, schießt es oft völlig übers Ziel hinaus, kann selbst dann nicht gleich aufhören, wenn sich die Situation, die es so wütend gemacht hat, verändert. Deshalb braucht es eine Weile, um sich wieder zu beruhigen. Aber dann ist es oft selbst verwirrt über das Ausmaß dieses Sturms und möchte sich in Mamas oder Papas Arm davon überzeugen, dass die Welt noch oder wieder in Ordnung ist.

Das Ausmaß und die Erscheinungsformen solcher Trotzanfälle können sehr unterschiedlich sein. Manche Kinder machen sich nur stocksteif und leisten mit verkniffenem Gesicht passiven Widerstand. Andere stürzen sich kreischend zu Boden, bis sie blau anlaufen oder gar kurzfristig wegbleiben. Beides ist normal und geht bei besonnenem Elternverhalten folgenlos vorüber.

Es gibt Kinder, die liegen mehrmals täglich tobend und strampelnd auf dem Fußboden, und andere, die das überhaupt nicht machen. Mit guter oder schlechter Erziehung hat das wenig zu tun. Es ist eher eine Frage des Temperaments oder des Ausmaßes an empfundener Hilflosigkeit und Sprachlosigkeit.

Es ist auch nicht wahr, dass man die Trotzphase durchmachen muss wie die Masern, weil man sonst keinen eigenen Willen entwickelt. Ein Kind, das ein sehr ausgeglichenes Gemüt und ebenso ausgestattete Eltern hat, das sehr früh gut sprechen lernt, wird weniger leicht in hilflose Wut geraten, wird andere Möglichkeiten finden, Widerstand zu artikulieren. Dann kommt es ohne Trotzanfälle zurecht. Mit einigem Geschick kann man auch viele dieser Konfrontationen rechtzeitig vermeiden. Und das kommt Eltern wie Kindern zugute.

Wenn ich allerdings ein Kind für Trotzanfälle strafe, wird es die Erkenntnis gewinnen, dass es wenig sinnvoll ist, sich gegen Mächtigere zu wehren. Und dann wird es mit der Entwicklung von Selbstbewusstsein und eigenständigem Willen schwierig werden.

Aber was tun wir nun nach so viel Verständnis mit einem Kind, das einen »Bock hat«?

Solange das Kind noch tief Luft holt, wir aber schon sehen, dass es gleich wieder losgeht, haben wir Gelegenheit, unser Verhalten zu überprüfen. Vielleicht merken wir ja erst jetzt, dass unsere Reaktion, unser Ansinnen ungeschickt waren, das Kind an einer empfindlichen Stelle getroffen haben. Dann können wir schnell noch einlenken. Liegt das brüllende Kind aber erst mal strampelnd auf dem Boden, ist es besser, bei der einmal bezogenen Position trotz Widerstands zu bleiben. Tun wir das nicht, geben wir an dieser Stelle noch häufig nach, lernt das Kind mit der Zeit, dass Brüllen und Strampeln eine prima Methode sind, durchzusetzen, was man durchsetzen wollte. Und das sollten wir ihm und uns nicht antun.

Aber fest bleiben heißt nicht selber wütend oder bockig werden. Das Kind hat das Recht, gegen etwas, was Sie wollen, zu protestieren. Dafür, dass der Protest so überschießend heftig ausfällt, kann es nichts. Es mag Ihnen sogar Leid tun, dass das arme Kind schon wieder so in Aufregung gerät. Aber Sie haben auch das Recht, trotzdem bei Ihrer Position zu bleiben – freundlich, aber entschieden. Atmen Sie tief durch und lassen Sie die Erklärungen für dieses nervtötende Verhalten Revue passieren.

Wenn der Sturm dann vorbei ist, sind wieder Sie in der stärkeren Position. Das Kind ist erschöpft, anhänglich, zärtlichkeitsbedürftig. Bitte nutzen Sie das nicht aus, um ihm Versprechungen fürs nächste Mal abzunehmen. Es kann sie doch nicht einhalten. Nehmen Sie es in den Arm, freuen Sie sich gemeinsam, dass das Theater vorbei ist. Bis zum nächsten Mal.

Wenn Sie als Großeltern beim Kind viel seltener als seine

Eltern einen Trotzanfall provozieren, ist das noch kein Grund, sich etwas darauf einzubilden oder den Eltern vorzuwerfen, dass sie das Kind nur falsch behandeln. Es kriegen immer die den meisten Trotz ab, die dem Kind am vertrautesten sind und die längste Zeit mit ihm umgehen. Sicher können gestresste Eltern auch nicht den lieben langen Tag so umsichtig und vorsichtig sein wie Großeltern über wenige Stunden.

Sauber werden

Irgendwann zwischen zwei und fünf Jahren werden (fast) alle Kinder sauber, ob die Erwachsenen darum nun ein großes Gewese machen oder nicht. Aber so mancher ideologische Streit, auch zwischen Eltern und Großeltern, wird darüber geführt, wann ein Kind auf den Topf zu setzen sei und wann es anständigkeitshalber ohne Windeln auszukommen habe. Der dicke oder dünne Kinderpopo (»Was, immer noch Windeln???«) wird manchmal zum Gütekriterium elterlicher Erziehungskunst hochstilisiert. Dabei ist der Eifer, den viele dabei entwickeln, vollkommen unnötig. Kinder werden auch dann sauber, wenn man einfach wartet, bis sie selbst das Bedürfnis haben, die Windeln loszuwerden und auf den Topf oder die Toilette zu gehen. Ja, es gibt sogar Anhaltspunkte dafür, dass Kinder, die besonders lange in die Hosen machen, früher und eifriger auf Sauberkeit trainiert worden sind als andere.

Manchmal erwarten auch die Erzieherinnen in Krippe oder Kindergarten, dass ein Kind, das man ihnen anvertraut, mit drei oder gar mit zwei Jahren tagsüber sauber und trocken bleiben kann. Das ist sicher bequemer. Trotzdem sollten Eltern sich dadurch nicht unter Druck setzen lassen, sondern selbstbewusst erklären, ihr Kind sei eben noch nicht so weit. Wählen Sie, wenn Sie es sich aussuchen können, lieber gleich einen Kindergarten, in dem eine solche Forderung gar nicht erst gestellt wird.

Eltern können den Erzieherinnen die Arbeit erleichtern, wenn sie ihrem Kind einen »Pool« von Windeln, Ersatzhosen und Unterhöschen mitgeben und nicht erwarten, dass ihr Kind immer mit eigenen Klamotten nach Hause kommt. Dann lässt sich das Ganze recht locker handhaben.

Ein Kind kann erst nach dem zweiten Geburtstag überhaupt seine Schließmuskeln willkürlich beherrschen – das eine eher, das andere etwas später. Mit zwei, drei, vier Jahren lernen fast alle, erst das große, dann das kleine Geschäft absichtlich zu erledigen, die meisten werden erst tagsüber, dann auch nachts trocken. Aber häufige Rückfälle gibt es auch bei Fünfjährigen noch, zum Beispiel wenn sie erkältet, aufgeregt oder zu sehr in ein Spiel vertieft sind. Und ein gelegentliches nächtliches Malheur passiert so manchem Sechsjährigen noch.

Es ist wenig sinnvoll, ein Kind, das noch nicht zwei Jahre alt ist, überhaupt auf den Topf zu setzen. Es kann absichtlich noch nicht leisten, was Sie von ihm erwarten. Wenn Sie allerdings die Zeiten, in denen es Stuhlgang hat und häufiger nass macht, recht genau beobachten, können Sie mit einiger Wahrscheinlichkeit das meiste mit dem Töpfchen auffangen. Eine bewusste Leistung ist das allerdings nicht, nur eine Art Dressur. Sie verlangt genaue Beobachtung und strikte Regelmäßigkeit. Das kann dann dazu führen, dass Sie während einer fröhlichen Familienfeier nur Augen dafür haben, ob Ihr Kind »drückt«, ihm womöglich mehrmals die Kleider vom Leib reißen, weil Sie glauben, jetzt kommt's. Aber weil alles ganz anders ist als sonst, kommt's jetzt gar nicht. Sobald die äußeren Bedingungen nicht stimmen, wenn das Kind zum Beispiel irgendwo zu Besuch ist, ist alles wieder hinfällig, geht alles wieder in die Hosen. Besonders ungerecht ist es dann, das Kind für einen solchen »Fehlschlag« zu bestrafen, weil es gar nicht leisten kann, was Sie von ihm verlangen. Ist die Sache so ein Theater wert?

Warten Sie lieber ab, bis Sie merken, dass das Kind sich für seine Ausscheidungen interessiert, auch bewusst wahrnimmt, was da jetzt gerade passiert. Nehmen Sie es, wenn Ihr Schamgefühl es zulässt, ruhig mit, wenn Sie auf die Toilette gehen. Kleine Kinder möchten gern nachmachen, was sie andere tun sehen.

Überlassen Sie es dem Kind, ob es lieber ein Töpfchen oder mit Spezialsitz gleich die Toilette benutzen möchte. In meinen Augen hat das Töpfchen zwei Vorteile: Man kann es auch mal woanders hintragen, und man kann, was das Kind produziert hat, genauer betrachten, zum Beispiel, wenn man auf das Pfennigstück wartet, das es am Vortag verschluckt hat. So was passiert oft!

Die Aufmerksamkeit des Kindes auf seine Ausscheidungen zu lenken ist im Frühling und Sommer viel leichter als im Winter, wenn der Segen wohlig-warm ins dicke Windelpaket läuft. Kalt und unangenehm wird es erst viel später. Im Frühling in dünnen Baumwollhosen, im Sommer nackt am Strand kann ein Kind viel besser beobachten, was da abläuft. Warten Sie also getrost auf den nächsten Frühling. Sie versäumen nichts.

Macht Ihr Enkelkind noch lange Zeit gelegentlich nachts ins Bett, zum Beispiel, wenn es bei Ihnen übernachtet, machen Sie ihm bitte keine Vorwürfe. Es macht das nicht mit Absicht. Bestimmt hätte es Ihr Bett auch lieber trocken gelassen. Legen Sie in Zukunft ein großes Gummituch unter – für alle Fälle. Sie möchten doch sicher auch nicht für etwas verantwortlich gemacht werden, was Ihnen nachts im Schlaf passiert ist. Und Kinder, die lange ins Bett machen, schlafen oft besonders tief. Es scheint auch Erblichkeit dabei eine Rolle zu spielen. Überlegen Sie mal – kennen Sie noch jemanden in der Verwandtschaft, der ungewöhnlich lange ins Bett gemacht hat?

Manche Kinder fangen wieder an, nachts ins Bett zu machen, weil sie seelische Probleme haben. In solchen Fällen lassen sich die Eltern am besten von einer Familienberatung helfen.

Manche Kinder kriegen diese Probleme aber auch erst, weil sie wegen Ihres Einnässens gehänselt oder bestraft werden, weil sie zu Außenseitern werden. Tun Sie das Ihre dazu, dass Ihrem Enkelkind das nicht passiert. Helfen Sie ihm, selbstbewusst und fröhlich zu bleiben, das kleine Malheur nicht so wichtig zu nehmen. Dann ist die Wahrscheinlichkeit groß, dass das Einnässen eines Tages von selbst aufhört.

Kinder brauchen Kinder

Bisher war von unserem Enkelkind die Rede, als wäre es das einzige Kind unter lauter Erwachsenen, die es behüten und versorgen. Das ist in den ersten ein, zwei, drei Jahren auch das Vordringliche. Aber schon im Babyalter sind Kinder von der Anwesenheit anderer Babys fasziniert, suchen ihre Nähe und probieren aus, was man mit ihnen anfangen kann. Und viele Mütter oder Eltern nutzen gern solche Treffen auf Spielplätzen oder in Spielgruppen, weil das auch für sie eine Möglichkeit für Gedankenaustausch und freundschaftliche Kontakte ist.

Je älter das Kind wird, desto dringender braucht es neben der Fürsorge der Erwachsenen auch den Kontakt zu anderen Kindern. Denn nur von und mit ihnen kann es all die sozialen Fähigkeiten lernen und üben, die es braucht, um ein umgänglicher Mensch zu werden. Von uns Erwachsenen bekommt es die Leitlinien – Rücksichtnahme, Toleranz, Umgang mit Streitigkeiten. Ausprobieren und mit Leben erfüllen müssen das die Kinder untereinander, indem sie zusammen spielen, sich gegenseitig hänseln, necken, gemeinsam etwas aushecken, sich streiten und wieder vertragen. Wie reagiert meine Spielfreundin, wenn ich dies oder jenes tue oder sage? Wie muss ich mich verhalten, damit mein Gegenüber meine Absichten versteht? Wie weit darf der Spaß gehen, wann wird es ernst? Worauf reagiert er oder sie besonders empfindlich?

Die Kinder üben untereinander also das, was die soziale Reife ausmacht – sich in andere hineinzuversetzen, die Reaktionen der anderen zu verstehen und sich entsprechend zu verhalten. Aber woher Spielgefährten nehmen?

Immer mehr Kinder wachsen in immer kleineren Familien auf. Viele haben kein oder höchstens ein Geschwister, haben engen Kontakt nur zu ein bis zwei Erwachsenen. Und einfach nach draußen zu gehen, um andere zu treffen und mit ihnen zu spielen, wo geht das denn heute noch?

Für die Kinder bedeutet das eine extreme Einengung ihres sozialen Erfahrungsbereiches. Deshalb muss heute organisiert werden, was sich früher von allein ergab.

Mit drei in den Kindergarten?

Dass der Kindergarten eine wichtige Ergänzung zur Erziehung in der Familie ist, bestreitet heute kaum noch jemand.

Wenn Kinder genügend andere Kinder treffen wollen, um mit ihnen zu spielen und zu lernen, müssen sie früher oder später in den Kindergarten gehen. Mit drei hat jedes Kind einen rechtlichen Anspruch darauf. Und die Erzieherinnen sind speziell dafür ausgebildet, die enorme Wissbegier und Unternehmungslust der Kinder zu befriedigen.

Dass die meisten Kindergärten Kinder erst ab drei aufnehmen, ist nicht mehr als eine Faustregel mit Tradition. Es ist durchaus nicht gesagt, dass ein Dreijähriges sich leichter von seiner Mama trennt und auf zunächst fremde Menschen einstellt als ein Zweijähriges. Aber im Schnitt sind Dreijährige doch schon leichter zu handhaben, mit Worten zu lenken. Sie halten sich leichter an einfache Spielregeln im Umgang miteinander. Viele brauchen keine Windeln mehr.

Aber in einer kleinen, altersgemischten Gruppe kann sich durchaus auch ein Kleineres wohl und geborgen fühlen. Das hängt ganz von der Gruppe, der Erzieherin, dem Kind ab. Eltern müssen das einfach ausprobieren.

Oft wird eine Unterbringung für das Kind gesucht, weil die Mutter nach dem Erziehungsurlaub wieder arbeiten gehen möchte oder muss. Wenn man das Passende findet, ist das kein Nachteil für das Kind. Oft ist es ein erfreulicher Anreiz für seine soziale Entwicklung.

Je kleiner das Kind ist, desto kleiner muss auch die Gruppe sein, desto mehr Wärme und körperlichen Kontakt braucht es, um sich wohl zu fühlen. Deshalb ziehen viele Eltern jüngerer Kinder eine Tagesmutter, eine Tagespflegestelle der Krippe vor, vor allem dann, wenn dort, im Zuge der Sparmaßnahmen, zu viele Kinder zu betreuen sind. Selbst die beste Erzieherin schafft es nun mal nicht, mehr als zwei, drei Kinder gleichzeitig in die Arme zu nehmen.

Manchmal ist eine Eltern-Kind-Gruppe, die von den Eltern selbst organisiert und getragen wird, ein Ausweg. Aber auch die ist auf sparsames Wirtschaften und Zuschüsse angewiesen.

Diese »Fremdunterbringung« des Kindes wird in manchen Familien zum Zankapfel zwischen Eltern und Großeltern. Wozu soll das Kind in den Kindergarten? Es hat doch eine Oma! Ist die etwa nicht gut genug?

Eine Oma ist ein sehr schöner und wichtiger Parkplatz für ein Kind. Sie kann ihm vieles sein und geben, was kein anderer ist oder gibt. Trotzdem kann sie den Umgang mit anderen Kindern, den Kindergarten nicht ersetzen. Bei ihr lernt das Kind zwar keine schlimmen Ausdrücke, es wird auch nicht von der Schaukel geschubst oder mit Sand beworfen. Aber es lernt eben auch nicht, mit den anderen umzugehen und zurechtzukommen.

Manchmal, bei jüngeren Kindern, hoffen die Eltern vielleicht, dass Oma die Betreuung übernimmt. Der allerdings ist es eigentlich zu viel, aber sie fühlt sich dem Kind zuliebe verpflichtet. Insgeheim ist sie der Tochter jedoch gram, dass die unbedingt wieder arbeiten will. Sollen sie sich doch keine Kinder anschaffen, wenn es ihnen so schnell zu viel wird!

Oder die Oma glaubt nur, dass die Eltern das erwarten. Die aber denken im Grunde auch, dass es zu viel für sie ist, und fragen nur, damit sie sich nicht übergangen fühlt. Und dann wird etwas entschieden, nur weil die einen denken, dass die andere denkt, was die aber gar nicht ...

Können Sie solche Dinge nicht ohne Gekränktheit sachlich besprechen? Können Sie nicht auch aussprechen, was Sie insgeheim denken? Vielleicht gewinnt das Gespräch dadurch etwas an Schärfe, dafür sind hinterher die Positionen wahrscheinlich klarer und die Entscheidungen fallen leichter. Überlegen Sie sich vorher selbst gut, was Sie wollen und können und was nicht. Überlassen Sie das nicht der Unwägbarkeit eines Augenblicks.

Übernehmen Sie nichts, was Sie überfordert. Stellen Sie Bedingungen, die Ihnen die Arbeit erleichtern. Zum Beispiel so: »Gut, Benjamin kann jeden Tag über Mittag zu mir kommen, wenn der Kindergarten schließt. Aber bitte, nehmt mir dafür die größeren Einkäufe ab. Und gebt mir fürs Essen was zum Haushaltsgeld dazu.« Lieber ein einmaliges, nicht so angenehmes Gespräch als lange anhaltenden, schwelenden Ärger.

Manche Kinder verschwinden am ersten Kindergartentag gleich in der Puppenecke und werfen der Mama mit dem bangen Gefühl im Herzen nur noch ein leichtes »Tschüs« zu. Andere tun sich viel schwerer damit. Bei manchen gibt es wochenlang Tränen, weil sie unter Abschiedsschmerz leiden. Oder der taucht nach Wochen plötzlich auf, nachdem alles doch schon so gut lief.

Das muss kein Zeichen dafür sein, dass das Kind sich im Kindergarten nicht wohl fühlt. Das ist kein Grund, es gleich wieder abzumelden. Mit anderen schön zu spielen und Mutti oder Vati morgens einfach so davonziehen zu lassen ist eben zweierlei. Wenn Sie nicht mehr berufstätig sind und in der Nähe Ihres Enkelkindes wohnen, können Sie in solchen Fällen vielleicht helfend einspringen. Womöglich werden Sie erstaunt feststellen, dass Ihrem Enkelkind nur die Trennung von der Mama so schwer fällt. Dass es keine Probleme gibt, wenn Oma oder Opa es morgens abliefert. (Auch das hat wieder nichts mit dem erzieherischen Talent oder Geschick zu tun. Bitte benutzen Sie es nicht, um den jungen Leuten Ihre Überlegenheit zu beweisen.)

Oder Sie bleiben anfangs mit dabei, machen sich nach Absprache mit der Erzieherin ein bisschen nützlich und ziehen sich nach und nach zurück, sobald das Kind Vertrauen gefasst hat.

Wünscht man im Kindergarten nicht, dass Angehörige dableiben oder mal hospitieren kommen? Das ist kein gutes Zeichen für einfühlsame Pädagogik.

Schule

Mit sechs (oder sieben) Jahren wird Ihr Enkelkind ein Schulkind. Die Tatsache, dass es jetzt zur Schule geht, liefert die Bezeichnung für eine ganze, lange Entwicklungsperiode. So, als wenn dieses eine Merkmal sein ganzes Leben bestimmte. Es bleibt doch auch weiter ein Spielkind, ein Familienkind, ein Schmusekind. Mit der Schule beginnt zwar ein neuer Lebensabschnitt. Aber so wichtig, wie die Schule manchmal genommen wird, ist sie nun auch wieder nicht. Spielen sollte nach wie vor die wichtigste Beschäftigung eines jeden Kinderlebens bleiben. Denn beim Spielen lernt das Kind mindestens genau so viel wie in der Schule.

Die Bezeichnung »Schulkind« drückt auch aus, dass in der Entwicklung jetzt eine gewisse Ruhe und Stetigkeit einkehren, in der Einflüsse von außen, unter anderem der Schule, mehr Gewicht haben als große innere Veränderungen. Die kommen dann wieder mit der Pubertät. Da werden dann andere Dinge oft viel wichtiger genommen als die Schule.

In der Schule ändert sich von Generation zu Generation vieles. Andere Schulformen, andere Methoden, andere Lerninhalte, ein anderer Stil des Umgangs miteinander. Deswegen sind die Erfahrungen, die Sie in solchen Dingen während der Schulzeit Ihrer eigenen Kinder gesammelt haben, für Ihre Enkelkinder nicht mehr unbedingt zutreffend. Ihre Kinder und Schwiegerkinder müssen jetzt unter den neuen Verhältnissen neue Erfahrungen sammeln. Dann werden sie Fragen, die die Schule betreffen, realistischer beurteilen können als Sie, so dass Sie sich besser zurückhalten.

Es sei denn, Sie betreuen Ihre Enkelkinder regelmäßig am Nachmittag, erleben deshalb hautnah den mitgebrachten Kummer und die Erledigung der Hausaufgaben. Dann können Sie manches besser beurteilen, dann sollten auch Sie Kontakt zur Schule halten, mit der Lehrerin reden, zu Elternversammlungen mitgehen.

Auch wenn Großeltern sich aus Detailfragen und Schulproblemen eher heraushalten, können sie in Sachen Schule eine wichtige Funktion haben. Vielleicht auch gerade deshalb, weil sie sich eher heraushalten.

Schulkinder müssen heute oft den Eindruck haben, die Leistungen, die Zensuren, die sie in der Schule erreichen, seien der einzige Wertmaßstab, an dem sie gemessen werden. Manche glauben sogar, ihre Eltern hätten sie nur lieb, wenn sie gute

Zeugnisse mit nach Hause bringen. Wozu bräuchten wir sonst die vielen Notrufnummern an Zeugnistagen?

Eltern stehen allerdings auch unter einem großen Druck, weil sie glauben, sie müssten ihren Kindern durch diesen Leistungsdruck einen möglichst guten Startplatz ins Erwachsenenleben sichern. Aber umso dringender brauchen viele Kinder einen Ort, wo sie nicht als Erstes nach ihren Schulleistungen gefragt werden. Wo sie mal nach Herzenslust auf die Lehrer schimpfen und auf ganz und gar einseitige Parteinahme hoffen dürfen. Wo sie den ganzen Zirkus mal vergessen, sich geliebt fühlen und sich verwöhnen lassen können. Vielleicht entwickeln sie bei Oma oder Opa sogar Tugenden, von denen die Eltern nur träumen, eben weil hier alles so anders ist.

Dass man den Großeltern am Zeugnistag das »Giftblatt« präsentiert und sie dabei erwartungsvoll anguckt, ist vielen eine lieb gewordene Tradition. Ich will Kindern diese Gelegenheit, das Taschengeld ein bisschen aufzustocken, ja auch gar nicht nehmen. Aber ist wirklich nur die gute Zensur einen Zuschuss wert? Braucht Ihr Enkelkind nicht eher ein Trostpflaster für die weniger gute Note? Oder eine Anerkennung für die Mühe oder den Ärger, die es mit der Schule hatte? Und wenn da gar Geschwister ihre Blättchen präsentieren: Wer ist der Bessere, wer hat sich mehr Mühe gegeben, wer verdient mehr und wie viel? Glauben Sie, dass diese Vergütung nach unterschiedlicher Leistung dem Verhältnis der Geschwister gut bekommt? Geben Sie doch lieber jedem das Gleiche. Oder noch besser: Gehen Sie gemeinsam zum erfolgreichen Abschluss des Schuljahres Eis essen oder machen Sie zusammen einen interessanten Ausflug.

Für jede einzelne gute Zensur sollten Sie sich ohnehin nicht anzapfen lassen. Es muss doch wenigstens einen Ort geben, an dem die ganze Zensiererei nicht so wichtig ist!

Pubertät

Viele Großmütter erschrecken, wenn sie erfahren, dass ihre Enkelin mit zehn ihre Periode bekommen hat. Was, schon in dem Alter? Ist das in Ordnung? Zu ihrer Zeit lag das Alter dafür so ungefähr bei vierzehn. Aber Sie erinnern sich vielleicht, dass schon Ihre Tochter oder die Klassenkameradinnen Ihres Sohnes um einiges früher dran waren. Und diese Entwicklung setzt sich auch in der nächsten Generation weiter fort.

Die Fachleute bezeichnen diese schon seit etwa hundert Jahren zu beobachtende Vorverlegung der körperlichen Reife als Akzeleration. Über die Ursachen ist man sich noch nicht ganz klar, aber sicher spielen dabei bessere Ernährung (von den Inflations- und Kriegsjahren einmal abgesehen), bessere Gesundheitsvorsorge, bessere Wohnungen und mehr Bewegung an Luft und Sonne eine Rolle, vielleicht auch eine stärkere Beanspruchung durch äußere Reize.

Die soziale Reife, also dass sich Jugendliche »wie Erwachsene« benehmen, muss deswegen keineswegs früher eintreten, ja sie wird sogar vielfach später erreicht als zu Ihrer und meiner Jugendzeit. Denn die soziale Reife ist nicht abhängig von Biologie und Hormonen, sondern davon, wann die Gesellschaft der Erwachsenen die jungen Leute als erwachsen betrachtet und anerkennt. Und das ist in unserer Kultur immer später der Fall. Immer komplizierter wird das, was junge Menschen beherrschen müssen, immer länger dauert es, bis sie einen passenden Beruf gefunden haben, immer länger werden die Ausbildungszeiten. Immer länger auch lassen sich junge Leute Zeit, bis sie auf ihre Ungebundenheit verzichten und eine eigene Familie gründen.

Eine unerträglich lange Zeit leben sie in einem Zwischenstadium – kein Kind mehr, aber auch noch nicht erwachsen. Von niemandem so ganz für voll genommen, aber doch ständig kritisiert wegen ihres verantwortungslosen Verhaltens. Und dann der Stress mit der Schule – die ständige Angst: Wenn du nicht gut genug bist, kriegst du keinen Job. Das ist schon manchmal zum Ausrasten.

In dieser Zeit zwischen Baum und Borke sind sich viele selbst nicht grün. Sie leben in Dauerstreit mit den Eltern, die sie ständig kritisieren. Sie wollen anders sein und anders leben als die Eltern – aber wie, das wissen sie selbst noch nicht. Und so probieren sie aus, was zu ihnen passt und was in ihrer Clique ankommt. Denn die ist ihnen jetzt besonders wichtig. Heute Punk, morgen Öko, übermorgen vielleicht Grufty. Was die Erwachsenen erschreckt, ist besonders reizvoll.

Großeltern können, wenn es gut geht, in diesem Drunter und Drüber so etwas wie ein ruhiger Pol werden. Ein Platz zum Ausruhen, eine Stelle, an der man ohne ständige Ansprüche so gemocht wird, wie man nun einmal ist. Wo man sich ausquatschen kann und angehört wird. Das tut gut.

Großeltern können etwas ruhiger bleiben, weil sie mehr Abstand haben. Und weil sie sich noch daran erinnern, was die eigenen Kinder ihnen in dieser kritischen Zeit zugemutet haben.

Wahrscheinlich ist es für junge Leute auch leichter, mal mit Opa oder Oma über »Reizthemen« zu sprechen, bei denen zu Hause immer gleich die Wogen hochschlagen – über Sex und Beziehungen zum Beispiel, über Politik oder gutes Benehmen. Überlegen Sie bei solchen Themen nicht gleich, was wohl die Eltern an Ihrer Stelle pädagogisch Wertvolles dazu sagen würden. Halten Sie sich mit Urteilen und Forderungen zurück. Denn gerade die gibt es vielleicht zu Hause im Übermaß. Hören Sie die Meinung Ihres Enkelkindes mit Achtung an, auch wenn es nicht die Ihre ist. Sie müssen sich mit Ihrer Meinung nicht zurückhalten. Sprechen Sie von eigenen Erlebnissen und Erfahrungen, sagen Sie: »Ich finde«, »Ich denke« ..., lassen Sie dem jungen Menschen aber Raum für eigene Meinungen.

Es kann allerdings auch vorkommen, dass Kinder in der Pubertät, wenn sie am liebsten mit ihresgleichen herumziehen, Besuche bei Oma und Opa unerträglich ätzend finden. Das tut weh, gerade wenn die Großeltern sich ein Kinderleben lang sehr um die Enkel bemüht haben. Aber es geht vorüber, wenn sie nicht gezwungen und dadurch erst recht in extreme Positionen getrieben werden.

Führen Sie ein Enkel-Tagebuch

Als Sie jünger, Ihre eigenen Kinder klein waren, konnten Sie sich wahrscheinlich nicht vorstellen, dass Sie eines Tages vergessen würden, welches Wort Ihr Ältester zuerst gesagt hat, ob es die Große oder die Kleine war, die Mumps hatte, wer wann keine Windeln mehr brauchte. Und? Heute ist vieles davon unwiederbringlich verloren.

Viele Eltern nehmen sich vor, ein Tagebuch über die Entwicklung ihrer Kinder zu schreiben und halten es dann doch nicht durch.

Großeltern sind nicht so belastet mit den Alltagsgeschäften. Viele haben doch schon ein bisschen mehr Zeit. Wie wäre es, wenn Sie ein großes, dickes Notizbuch kauften und anfingen, ein Enkel-Tagebuch zu schreiben? Wenn Sie einfach jedes Mal, wenn Sie das Kind sehen oder wenn Ihnen etwas Bemerkenswertes berichtet wird, sich eine kurze Notiz machten. Was hat es Neues gelernt, was gesagt, welche Dummheiten gemacht, was spielt es zur Zeit gern, womit brachte es alle zum Lachen? Und das dann eines Tages dem oder der Herangewachsenen schenkten? Kann es etwas Schöneres und Interessanteres geben? Würden Sie nicht liebend gern in einem solchen Buch etwas über sich oder über Ihr eigenes Kind lesen?

Erziehung
im Zug der Zeit

Über die richtige Erziehung von kleinen Kindern sind Großeltern und Eltern oft uneins. Entweder sind die Großeltern in den Augen der Kinder zu streng – sie erwarten zu viel an gutem Benehmen, verbieten zu viel, was Kindern Spaß macht. Oder sie sind zu nachsichtig – erlauben zu viel Fernsehen, geben den Enkeln zu viel Süßigkeiten ... Jedenfalls wollen die einen eher hüh, die anderen eher hott.

Wie Eltern ihre Kinder erziehen, entscheiden sie nicht völlig unabhängig. Sie werden beeinflusst von dem, was üblich ist, was die Kinderärztin sagt, was in Beratungsbüchern steht, was die Schule erwartet. Erziehung ist nicht unabhängig von gesellschaftlichen Entwicklungen, denn durch die Erziehung soll die nächste Generation auf das Verhalten vorbereitet werden, das von den Herangewachsenen erwartet wird. Deshalb kommt es in den Ansichten über Erziehung von Generation zu Generation zu Veränderungen.

Die einzig richtige Erziehung gibt es nicht

Die Kindheit meiner Eltern fiel noch in »Kaisers Zeiten«. Da war klar abgegrenzt und vorab entschieden, wer oben und unten war, wer befahl und wer zu gehorchen hatte. Die Untertanen sollten ordentlich, pünktlich und fleißig das ausführen, was ihnen von den Oberen gesagt wurde.

Und das brachten Eltern auch ihren Kindern bei und so wurden auch meine Eltern erzogen. Kinder hatten aufs Wort zu gehorchen, fleißig zu lernen, keine Widerworte zu geben, keinen eigenen Willen zu haben. »›Ich will‹ ist gestorben«, hieß die Antwort der Eltern, wenn ein Kind diese Formulierung gebrauchte. Eine solch autoritäre Erziehung passte zur autoritären Gesellschaft, auf die sie vorbereitete.

Die folgende Zeit der Demokratie in der Weimarer Republik war zu kurz, als dass die guten Ideen zu einer demokratischen Erziehung sich schon hätten durchsetzen können. Und dann kam noch einmal Diktatur mit Heldenkult für Jungen, Einschränkungen für Mädchen und Herrenmenschenallüren für beide. So bin ich selbst noch ein Stück weit erzogen worden.

Eine neue, demokratischere Erziehung konnte sich auf breiter Basis erst durchsetzen, als die Generation Eltern geworden war, die selbst Erziehung im Faschismus nicht mehr erlebt hatte. Und viele davon gaben sich zunächst sehr radikal, eben anti-autoritär. Wurden vorher die Bedürfnisse von Kindern kaum beachtet, standen sie jetzt ganz im Mittelpunkt. Durften Kinder vorher nicht widersprechen, sich nicht durchsetzen, wurde es jetzt von ihnen erwartet. Dabei wurde so manches überspitzt, aber das musste wohl so sein. Neue Bewegungen müssen oft mit Pauken und Trompeten daherkommen, damit die Menschen aufgerüttelt werden und bereit sind, nachzudenken und etwas zu verändern.

Manche behaupten heute, es habe sich erwiesen, dass die antiautoritäre Erziehung falsch war. Das stimmt nicht. Sicher, Überzogenes hat sich abgeschliffen. Aber vieles von dem, was damals noch heiße Debatten auslöste, ist heute selbstverständlich geworden. Die Bedürfnisse der Kinder werden wichtig genommen, es wird ihnen zugestanden, dass sie gleiche Rechte haben wie die Eltern, dass Eltern ihre Kinder nicht schlagen und nicht demütigen dürfen.

Freilich wurden inzwischen auch die Rechte der Eltern wieder mehr betont. Kinder sollen zwar nicht mehr vor Erwachsenen kuschen, aber es geht genauso wenig, dass Eltern sich von ihren Kindern alles gefallen lassen. Große und Kleine sollen grundsätzlich gleichrangig sein. Jeder soll mit seinen Anliegen zu Wort kommen, beider Bedürfnisse sollen gleich wichtig genommen werden, und wo dadurch Konflikte auftreten, muss nach Lösungen gesucht werden, mit denen alle leben können. Jeder in der Familie soll sich auch für das, was alle betrifft, nach seinen Kräften mit verantwortlich fühlen. Das ist ein demokratischer Umgang miteinander. Wo Eltern so erziehen, bereiten sie ihre Kinder darauf vor, in einer Demokratie als mündige Bürger zu leben. Eine solche demokratische Erziehung passt zu einer demokratischen Gesellschaft.

Allerdings hat so manche althergebrachte Methode die Jahrzehnte seit Kaisers Zeiten überdauert, weil sie für Eltern bequemer ist und weil man erst darauf kommen muss, dass zum Beispiel der Satz »Wenn ich das mache, ist das was ganz anderes« zu einer demokratischen Erziehung nicht passt.

Auf jeden Fall hat die Generation der heutigen Großeltern viel über Erziehung nachdenken müssen, weil alles anders werden sollte.

Die jetzigen Eltern erziehen meinem Eindruck nach wieder mehr »aus dem Bauch heraus«, weil große Veränderungen nicht anstehen. Dadurch handhaben sie manches viel lockerer als wir, über manches denken sie aber auch nicht genug nach.

Auf diese Weise entstehen gewisse Pendelbewegungen in der Geschichte der Erziehung, bei denen die eine Generation zurücknimmt, was die vorherige übertrieben hat. Was sie wiederum übertreibt oder vernachlässigt, verändert dann die nächste.

Auch die wirtschaftliche Lage hat einen Einfluss auf das Erziehungsverhalten der Eltern.

Als wir Eltern waren, lebten wir in Zeiten wirtschaftlichen Aufschwungs. Selbstbewusstsein, Entdeckergeist, Phantasie und Kreativität waren gefragt, und diese Eigenschaften kann man mit einer autoritären Erziehung nicht erreichen. Die gehorsame, exakte Ausführung von Anordnungen übernahmen und übernehmen mehr und mehr computergesteuerte Maschinen.

In den letzten Jahren des immer härter werdenden Konkurrenzkampfes haben manche Eltern wieder den Eindruck, dass einer, der im rechten Moment kuscht und den Mund hält, besser zurechtkommt als einer, der selbstbewusst auf seinen Rechten besteht und seine Meinung sagt. Aber dürfen wir deshalb wirklich darauf verzichten, Kinder zu aufrechtem Gang und kritischem Gehorsam zu erziehen? Es gibt doch schon so viele Ja-Sager!

Eltern setzen ihre Kinder wieder mehr unter Druck, damit sie möglichst viel lernen und ihre Chancen im Wettbewerb verbessern. Es wird wieder mehr auf Auslese der Besseren gedrängt, damit sich nicht zu viele um die kleiner werdenden Fleischtöpfe drängen. Aber Druck kann Kinder leicht verbiegen. Und es können immer auch Ihre Enkel sein, die leichtfertig aussortiert werden.

Außerdem ist unbestritten, dass Kreativität im Arbeitsleben viel höher bewertet wird als braves Funktionieren. Zum Beispiel bringt man Vorgesetzten in Schulungsseminaren bei, wie sie die Kreativität von Mitarbeitern fördern können. Dort müssen sie zuerst lernen, sich nicht autoritär zu verhalten.

Das ist eine sehr grobe Skizze, die nur wenige Entwicklungslinien nachzeichnet und stark vereinfacht. Wir dürfen zum Beispiel nicht so tun, als sei der Erziehungsstil aller Eltern einer Generation gleich. Es gibt immer auch noch andere Strömungen oder individuelle Unterschiede.

Wer als Kind darunter gelitten hat, dass die Eltern sich zu wenig um die Kinder gekümmert haben, mag in seiner eigenen Familie eine recht feste, enge Ordnung einführen. Wer sehr strenge Eltern hatte und das nicht gut fand, wird seinen Kindern die Zügel lockerer lassen.

Oft erklären aber auch sehr hart und streng erzogene Eltern, sie wollten es genauso machen, denn auch ihnen sei diese Erziehung gut bekommen. Sie wagen wohl selbst als Erwachsene noch nicht, das Verhalten ihrer Eltern kritisch zu betrachten.

In unterschiedlichen Kulturen wird auch unterschiedlich erzogen. Um nur ein paar Beispiele zu nennen:

Italienische Erwachsene sind viel nachsichtiger mit ihren »Bambini« als deutsche – das merkt jeder, der mit Kindern in einem italienischen Restaurant essen geht oder in Italien Urlaub macht.

In vielen anderen Ländern werden Kleinkinder viel selbstverständlicher am Körper herumgetragen. Mit den Tragetüchern hat sich das inzwischen auch bei uns eingebürgert.

Die Zeiten, wie lange ein Kind gestillt wird, sind von Kultur zu Kultur sehr unterschiedlich. Das zeigt jungen Eltern, dass vieles möglich ist. Und so schwören inzwischen auch bei uns die einen auf jahrelanges Stillen, andere stillen nur kurz. Oder der Trend verschiebt sich alle paar Jahre.

Dass wir heute durch Fernsehen und Bücher, durch Reisen und durch die Begegnung mit Menschen aus anderen Ländern so viele verschiedene Arten kennen lernen, mit Kindern umzugehen, macht uns klar, dass es nicht nur eine richtige Art geben kann.

Aber wie wir mit dem Kind umgehen, bestimmt wesentlich mit darüber, wie es als Erwachsener im Leben zurechtkommt.

Wenn junge Eltern und Großeltern in Erziehungsfragen unterschiedlicher Meinung sind, muss deshalb die Frage nicht lauten: Wer macht es richtig, wer falsch? Stattdessen sollten wir fragen: Was bewirkt diese oder jene Haltung? Will ich das so oder nicht? Wenn nicht – wie kann ich es anders machen?

Hilfreich ist dabei auch die Frage: Wie bin ich selbst erzogen worden? Was hat diese oder jene Haltung bei mir bewirkt? Finde ich das im Nachhinein gut oder nicht?

Die gleiche Frage können sich dann auch die jungen Eltern stellen. Was sie allerdings kritisch bewerten, richtet sich als Kritik gegen ihre eigenen Eltern. Und die hören das nicht so gern. Deshalb wagen die jungen Eltern ihre Kritik oft nicht auszusprechen. Für die Enkel wäre es ein Gewinn, wenn Eltern und Großeltern ohne Vorwürfe und Gekränktheit gemeinsam über ihre Erfahrungen mit der Erziehung reden könnten.

Man kann nicht immer einer Meinung sein

Wenn verschiedene Menschen mit demselben Kind umgehen, ist es unvermeidlich, dass einer das so macht, der andere ein bisschen anders. Menschen sind eben sehr unterschiedlich. Der eine ist impulsiv und lebenslustig, ein anderer eher still und in sich gekehrt. Einer ist für wilde Spiele zu haben, ein anderer eher für ruhige, ein Dritter spielt überhaupt nicht gern. Erfahrungen, Überzeugungen, Hobbys – all das spielt mit, wenn Menschen sich ganz unterschiedlich verhalten.

Auch die Situationen, in denen man mit einem Kind umgeht, spielen eine Rolle. Es macht einen Unterschied, ob jemand den ganzen Tag mit einem kleinen Kind verbringt, es nur für kurze Zeit am Abend um sich hat, es nur einmal pro Woche oder gar einmal im Monat sieht.

Manche Großeltern, die meistens zur letzten Kategorie gehören, glauben, sie hielten sich aus der Erziehung völlig heraus, sie überließen sie ganz den Eltern. Aber das geht gar nicht. Jeder,

der mit einem Kind umgeht, verhält sich ihm gegenüber in bestimmter Weise, und das hat einen Einfluss auf dessen Entwicklung. Nicht verhalten kann man sich ebenso wenig wie nicht erziehen, sobald man mit einem Kind umgeht. Erziehung ist nur zu einem kleinen Teil das, was man bewusst und absichtlich tut. Der Rest ist Vorbildwirkung und unbeabsichtigte Folge.

Jeder, der mit einem Kind häufiger umgeht, erzieht es also auch, ist ihm Modell und Muster für bestimmtes Verhalten.

Wer ein gutes Verhältnis zu einem Kind haben möchte, kann sich mit seinen Ansichten nicht verstecken, kann nicht ständig sagen: »Frag Mama« oder »Das besprich mal mit deinen Eltern.« Kinder brauchen echte, wahrhaftige Menschen, die zu dem stehen, was sie sagen und tun.

Wir müssen nicht fürchten, dass wir Kinder in heillose Verwirrung stürzen, wenn Oma anderes tut oder erlaubt als Mutti oder Vati. Schon Zweijährige können recht gut auseinander halten, was hier gilt und was dort. Sie fragen eher ihre Oma nach Schokolade, aber sie betteln eher bei Vati, dass er sie beim Spaziergang auf dem Arm trägt.

Wenn Kinder mit unterschiedlichen Menschen umgehen, stärkt das ihre soziale Kompetenz. Sie lernen, wie unterschiedlich Menschen reagieren können, und sie lernen, sich darauf einzustellen.

Wenn aber das Verhalten des einen mit dem des anderen in einen Konflikt gerät, müssen die Erwachsenen darauf in irgendeiner Weise reagieren. Wie sie das tun – ob sie miteinander verhandeln oder ob sie sich anschnauzen, ob sie Konflikte unter den Teppich kehren oder heimliche Hintertürchen suchen, das wiederum ist Kindern Modell dafür, wie man mit Konflikten umgehen kann.

Welche grundsätzlichen Haltungen sind denn möglich, wenn Eltern und Großeltern in Sachen Erziehung unterschiedlicher Meinung sind?

Erste Möglichkeit:
Einer sagt, wo's langgeht, die anderen richten sich danach.

In diese Kategorie gehört der Vater alten Stils, der abends Strafgericht über die Fehltritte des Tages hält, mit dem die Mutter den Tag über droht: »Na, warte mal, wenn Vati nach Hause kommt!«

Hierher gehört aber auch der Opa, der sich aus allem rauszuhalten versucht und ständig auf Papa verweist. »Opa, findest du, dass Ausländer uns die Arbeit wegnehmen?« »Da frag mal lieber deinen Papa nach.«

Die Mutter und der Opa aus diesen Beispielen entziehen sich dem Kind als eigenständige Partner, verstecken sich hinter dem einen, der das Sagen hat.

Das Kind lernt daraus, dass im Leben die einen bestimmen, die anderen keine eigene Meinung haben.

Zweite Möglichkeit:
Es entscheidet mal der, mal der, die anderen halten sich jeweils heraus.

Ein Beispiel: Vater und Kind sind bei Oma zum Essen eingeladen. Das Kind manscht lustlos auf seinem Teller herum. Die Großmutter ärgert sich und bestimmt: »Wenn du nicht aufisst, kriegst du auch keinen Nachtisch!« Der Vater hält das zwar nicht für richtig, er verlangt sonst nicht, dass das Kind alles aufisst, aber weil Oma das nun mal so entschieden hat, sagt er nichts dazu.

Was schließt das Kind daraus? Vati steht nicht zu seiner Meinung, denn sonst verhält er sich anders. Er hält bei Konflikten nicht zu mir.

Dritte Möglichkeit:
Im Konfliktfall stehen beide zu ihrer Meinung, verhandeln, suchen nach einer Lösung.

Ein Beispiel: In einer Familie gilt die Regel: Es darf nicht ferngesehen werden, bevor nicht die Hausaufgaben erledigt sind. Aber heute sind in der Schule Aufnahmen fürs Fernsehen gedreht worden, gesendet wird gleich nach dem Mittagessen. Mama findet, das ist kein Grund, vom Prinzip abzurücken. Oma sieht das anders und verhandelt beim Essen zugunsten des Kindes. »Das ist doch wirklich ein besonderer Fall, in dem mal eine Ausnahme gemacht werden könnte.«

Das Kind erlebt: Jeder achtet die Meinung des anderen, aber man kann darüber reden.

Vierte Möglichkeit:
Jeder toleriert, dass der andere es eben anders macht.

Ein Beispiel: Mutter hält nichts von Süßigkeiten, Vater ist da weniger rigoros. Das Kind weiß, an wen es sich besser wendet, erklärt dann der Mutter: »Vati hat mir Schokolade gegeben.« Die Mutter erwidert lachend: »Da hast du aber Glück gehabt. Bei mir hättest du keine gekriegt.«

Mit welcher dieser Möglichkeiten Sie bei welchen Problemen am besten zurechtkommen, müssen Sie entscheiden oder besser – mit den Eltern besprechen. Nur die erste würde ich als pädagogisch ungeeignet gern ausschließen.

Wie man mit unterschiedlichen Ansichten in Sachen Erziehung umgeht, hat auch mit Erfahrungen und Selbstsicherheit zu tun. Junge Mütter sind in ihrer Erziehungshaltung manchmal recht rigoros. Sie wollen unbedingt alles richtig machen. Sie informieren sich in Büchern oder Zeitschriften, bilden sich eine Meinung und halten die dann auch durch, selbst wenn es mühsam wird.

Viele junge Väter sehen das weniger streng. Sie halten sich für pädagogische Naturtalente und entscheiden nach den Gegebenheiten des Augenblicks. Sie denken weniger an Langzeitfolgen eines bestimmten Verhaltens. Da die meisten auch weniger Zeit mit den Kindern verbringen, sind sie denen ja auch weniger ausgesetzt.

Manchmal spielt da auch Bequemlichkeit eine größere Rolle als bei den Müttern. Wenn Väter nachmittags gern Fußball im Fernsehen sehen wollen, gucken die Kinder eben mit – auch wenn das pädagogisch unvernünftig ist.

Viele Großeltern sehen das noch einmal anders. Sie haben pädagogische Überzeugungen kommen und gehen sehen. Sie wissen, dass Kinder so oder so erwachsen werden, ob man zum Beispiel auf ganz feste Schlafenszeiten schwört oder das sehr locker nach Bedarf regelt. Daher sehen sie vieles nicht so verbissen wie die junge Mutter. Die hat Angst, es würde schlimme Folgen haben, wenn sie nicht alles richtig macht. Aber was ist schon richtig, und was ist falsch?

Oft sind die unterschiedlichen Erziehungshaltungen auch gar nicht der Kern des Problems. Vielmehr konkurrieren Eltern und Großeltern um die Gunst der Kinder. Wenn Opa etwas erlaubt, was Vater vorher verboten hat, kann der befürchten, dass Opa sich mit unlauteren Methoden die Sympathie der Kinder erschleichen will, ihn vor den Kindern zum Buhmann macht. Wenn die Mutter gerade wortreich das Trinken von Cola als gesundheitsschädlich deklariert hat und Oma sie doch kauft, was sind ihre Argumente denn dann noch wert? Sie erlebt Omas Verhalten als Angriff auf ihr Selbstwertgefühl.

Manchmal ist der pädagogische Konflikt sogar ganz unwichtig, und das Eigentliche ist der dahinter liegende Beziehungskonflikt. Da berichtet eine junge Frau ausführlich von einem Streit mit ihren Eltern über das Essen von Süßigkeiten. Ärgerlich verschließt sie sich allen Argumenten zugunsten der Eltern. Bis sie schließlich den Kern des Problems findet: »Am meisten ärgert mich, dass ich von meinen Eltern nicht ernst genommen werde!«

Deshalb lohnt es, sich bei jedem Streit um Erziehungsfragen auch die Frage zu stellen: Geht es wirklich nur um Erziehung? Was hat der Konflikt mit mir und mit unseren Beziehungen zu tun? (Mehr darüber finden Sie auf S. 181 ff.)

Wie leicht oder wie schwer es einem fällt, unterschiedliche Ansichten zu tolerieren, hat aber auch etwas mit dem Gewicht des Problems zu tun. Jeder hat da sicher einen Fundus an Grundüberzeugungen, gegen die er Zuwiderhandlungen einfach nicht tolerieren kann. Für mich gehört zum Beispiel das Schlagen oder Demütigen von Kindern dazu, beides halte ich grundsätzlich für indiskutabel.

Über diesen Fundus müssen Eltern und Großeltern sich einigen. Und hierbei haben eindeutig die Eltern das Entscheidungsrecht, so schwer das für die Großeltern manchmal sein mag.

Wie lange man ein Kind maximal nachts schreien oder rufen lassen darf, ob man es schon aufs Töpfchen setzen soll, ob man verlangen darf, dass der Teller leer gegessen oder abends zu fester Zeit das Licht ausgemacht wird, sind Beispiele für Entscheidungen, die viele Eltern für sich allein in Anspruch nehmen. Auch was ein Kind aus Gesundheitsgründen muss, darf oder nicht darf, entscheiden allein die Eltern. Es kann darüber gestritten werden, aber klare Anweisungen sind einzuhalten.

In anderen, weniger wichtigen Punkten sind Kompromisse möglich. Opa mag sich nicht an die zu Hause festgelegten Zeiten für das Erledigen der Hausaufgaben halten, aber sie müssen fertig sein, wenn die Enkel nach Hause gehen. Oma plädiert für das Recht der Kinder, sich beim Spielen gründlich einzuferkeln. Dafür bietet sie an, das Waschen der verdreckten Kleidung zu übernehmen.

Und dann gibt es sicher noch eine Menge von unterschiedlichen Handhabungen, die bei einiger Toleranz einfach nebeneinander stehen dürfen, weil sie dem Kind nicht schaden, sondern – siehe oben – seine soziale Kompetenz stärken.

Soll Oma doch den Enkel auf dem Dreirad sitzend füttern, zu Hause gibt es das eben nicht. Soll Oma ihn ruhig vegetarisch ernähren und ihm erklären, wie gesund das ist, zu Hause gilt eben anderes.

Gleiches Recht für alle, so kann man das Grundprinzip demokratischer Erziehung formulieren. Jeder achtet den anderen, nimmt Rücksicht auf seine Bedürfnisse. Jeder muss dem anderen zuliebe mal ein Stück zurückstecken oder Unannehmlichkeiten in Kauf nehmen.Ich denke, auf dieses Prinzip können sich auch Eltern und Großeltern recht leicht einigen. Aber die vielen Kleinigkeiten im Erziehungsalltag kann man jeweils so oder auch anders handhaben.

Vertrauen Sie ruhig darauf, dass die jungen Leute an ihrer Aufgabe wachsen, dass auch das Kind seine Eltern nach seinen Bedürfnissen erzieht. Sie lieben ihr Kind schließlich und wollen ihm nichts Böses. Auch Sie waren, als Sie angefangen haben, nicht perfekt.

Und manches wissen die Eltern bald besser als Sie, weil sie das Kind besser kennen, es länger um sich haben. Während Sie vielleicht noch bei jedem Geschrei gleich an die Wiege stürzen möchten, kann Ihre Tochter schon Hungergeschrei vom Müdigkeitsgeschrei unterscheiden. Letzteres hört nach wenigen Minuten auf, wenn man das Kind nur in Ruhe lässt.

Demokratisch erziehen heißt nicht, alles zu erlauben

Eltern und auch Großeltern, die auf keinen Fall autoritär sein wollen, trauen sich manchmal kaum noch, Kinder an etwas zu hindern, was sie gern tun möchten, oder ihnen etwas zu verbieten. Aber sie werden dann knurrig und gereizt, wenn die Kinder ihnen zu sehr auf den Nerven herumtrampeln oder etwas kaputtmachen, woran sie hängen. Und irgendwann toben sie dann los und greifen doch wieder in die autoritäre Mottenkiste.

Aber damit tun sie den Kindern keinen Gefallen. Die bemerken die dicke Luft, wissen aber nicht genau, was eigentlich los ist.

Ein Beispiel: Lena und ihr Bruder Max, sieben und fünf Jahre alt, sind mit den Eltern bei Freunden. Die Erwachsenen unterhalten sich – das ist ziemlich langweilig. Lena und Max wollen ein bisschen Leben in die Bude bringen. Sie rutschen unter den Tisch und beginnen, mal den, mal jenen in die Beine zu zwicken. Die Großen wedeln nur mit den Händen oder ziehen ihre Beine weg. Lena fängt an, ihnen die Schuhe auszuziehen, Max angelt sich eine Handtasche vom Sofa. Dann äffen sie nach, was die Großen sagen, und schütten sich aus vor Lachen. Das freundliche Grinsen der Großen sieht langsam mehr wie ein Zähnefletschen aus. Aber keiner sagt etwas. Jetzt finden die Kinder das Ganze recht amüsant. Max reißt schließlich an der Tischdecke, sein Vater kann gerade noch die Teekanne vor dem Absturz bewahren. Wütend zerrt er die beiden unter dem Tisch hervor und gibt jedem eine Ohrfeige. Die Kinder heulen laut, die Runde schweigt betreten.

Wer hat hier wessen Bedürfnisse und Rechte missachtet? Zuerst die Erwachsenen die der beiden Kinder. Es ist einfach zu viel verlangt, dass Kinder still dabeisitzen, wenn Erwachsene über Dinge reden, die sie nicht interessieren, die sie nicht verstehen. Eltern oder Gastgeber hätten den beiden interessantes Beschäftigungsmaterial anbieten müssen in einem Raum oder einer Ecke, wo sie sich auch bewegen können, ohne groß zu stören. Denn Kinder haben auch ein größeres Bedürfnis, mit dem ganzen Körper aktiv zu sein.

Unter dieser Voraussetzung hätten die Eltern verlangen und durchsetzen können, dass sie sich unterhalten können, ohne ständig belästigt zu werden. Hin und wieder oder auch abwechselnd hätten sie aber auch ihre Aufmerksamkeit den beiden zuwenden müssen, damit sie nicht versucht sind, sie sich durch Dummheiten zu verschaffen. Denn auch Kinder wollen beachtet werden.

Wenn Eltern sich bemühen, die Bedürfnisse der Kinder zu berücksichtigen, können sie auch Rücksicht auf die eigenen Bedürfnisse erwarten, wenn sie sie klar und unmissverständlich äußern. Kein noch so kinderfreundlicher Mensch muss sich in die Beine zwicken und die Schuhe ausziehen lassen, ohne sich dagegen zu wehren. Da aber in unserem Beispiel die Großen zunächst nachsichtig gegrinst haben, haben sie die Erwartung der Kinder nach Aufmerksamkeit erfüllt und die Kinder hatten keinen Grund, ihr erfolgreiches Verhalten zu ändern – bis es knallte.

Es ist heute wieder modern, zu betonen, dass Kinder Grenzen brauchen. Das ist wohl richtig. Kinder wollen klar wissen, wo es langgeht, woran sie sich halten können, denn Grenzen und Regeln geben auch Halt. Das heißt aber nicht, dass Eltern hingehen sollen und Grenzpfähle einschlagen wie seinerzeit die Siedler im Wilden Westen. Hier, mein Kind, ist deine Weide, hier kannst du grasen, aber über den Zaun darfst du nicht!

Regeln, die Halt geben, kann man auch gemeinsam, im Umgang miteinander finden. Und sie gelten dann für alle. Sie gelten sogar in erster Linie für die Eltern, die den Kindern vormachen müssen, dass erst die Einhaltung von Regeln ein gutes

Zusammenleben möglich macht. Wenn Zuverlässigkeit und Verlässlichkeit zum Familienklima gehören, werden sie selbst auch eher geneigt sein, sich verlässlich einzuordnen. Regeln sind dann nicht das, was Eltern ihren Kindern vor die Nase setzen, sondern das, was jedem sein Recht und ein Leben nach seinen Bedürfnissen sichert. Die Grenzen für den einen liegen da, wo er mit seinem Verhalten einem anderen zu nahe tritt. An diesen Punkten muss dann gestritten und verhandelt werden, bis sich eine Lösung findet, mit der alle zurechtkommen.

Ich will das an einem Beispiel anschaulich machen:

Die fünfjährige Zeynab bleibt abends nur sehr ungern in ihrem Bett. Mit hundert Ausreden erscheint sie wieder und wieder im Wohnzimmer. Die Mutter sitzt abends oft noch mit Kolleginnen zusammen und fühlt sich durch Zeynabs Verhalten sehr gestört. An einem ruhigen Nachmittag reden sie darüber. Die Mutter spricht über ihren Ärger und über ihr Bedürfnis, abends ungestört mit den Kolleginnen reden zu können. »Zeynab, warum bleibst du nicht in deinem Zimmer?«

Zeynab: »Da ist es dunkel, und bei euch ist es hell.«

Die Mutter: »Aber wenn du schlafen willst, muss es doch dunkel sein.«

Zeynab: »So schnell kann ich gar nicht schlafen, ich liege immer wach, und dann ist es mir zu dunkel.«

Beide suchen nach einer Lösung und stellen dann eine Nachttischlampe an Zeynabs Bett, die sie selbst ausknipsen darf, wenn sie schlafen will.

Aber Zeynab genügt das noch nicht. »Ihr seid da lustig, und ich bin im Kinderzimmer ganz allein.« Nach einigem Hin und Her meint Zeynab, sie würde in ihrem Zimmer bleiben, wenn die Tür offen bliebe, damit sie die anderen reden und lachen hören könnte.

Aber das erweist sich in den nächsten Wochen als schwierig. Zeynab bleibt jetzt zwar in ihrem Bett, aber immer, wenn eine der Frauen an ihrer Zimmertür vorbeigeht, sieht Zeynab sie, ruft: »Wer ist da?« und erwartet jedes Mal ein Schwätzchen. Die Mutter möchte, dass die Tür wieder zugemacht wird, Zeynab möchte, dass sie offen bleibt. Sie einigen sich, dass die Tür Stückchen für Stückchen wieder mehr geschlossen wird, bis sie nur noch angelehnt ist. Mit einem Stück Kreide markieren sie tagsüber auf dem Fußboden, wie weit die Tür heute zugemacht werden soll. Und Zeynab achtet streng darauf, dass sie da steht, wo der Strich ist. Als sie weit genug zu ist, so dass Zeynab nicht mehr hindurchsehen kann, hört sie auch mit dem Rufen auf.

Zeynab bleibt in ihrem Zimmer und spielt da noch ein bisschen, bis sie schlafen kann. Manchmal ist die Lampe noch an, wenn die Mutter nachsehen kommt, aber da Zeynab fest schläft, stört das nicht weiter.

Wenn Kinder von klein auf am Finden solcher Regeln beteiligt werden, lernen sie, dass das gute, das verlässliche Miteinander-Auskommen auch ihre Sache ist.

Über manche Dinge freilich können oder wollen wir nicht verhandeln, die möchten wir so geregelt sehen, wie wir das entscheiden. Dann sollten wir das auch klar sagen und den Konflikt nicht scheuen.

Der zweijährige Georg hat sich Omas Puppe mit dem Porzellankopf geholt. Das sieht Oma nicht so gern, aber im Zimmer, wenn einer ein Auge drauf hat, darf er mit ihr spielen. Jetzt will er nach draußen, will schaukeln, mit Puppe. Auf Omas Einwand kommt ein unmissverständliches »Ich will das!«. Oma setzt ruhig und bestimmt dagegen: »Aber ich will es nicht. Das ist meine Puppe, und sie geht zu leicht kaputt.« Während Georg sich zum Protestgeheul aufbläst, stellt sie ihn vor die Wahl: »Du kannst hier mit der Puppe spielen, wir können ohne Puppe schaukeln gehen. Ich komme mit und schubs dich an.« Da Georg gern mit Oma schaukelt, lässt er den

111

Dampf wieder ab und setzt die Puppe aufs Sofa zurück. Jeder ist dem anderen ein Stück entgegengekommen, beide haben ein Zugeständnis gemacht, so kommen sie gut miteinander aus.

Darf man ein Kind verwöhnen?

Eltern sind manchmal uneins. Wenn einer nachgiebiger ist als der andere, heißt es leicht: »Verwöhn sie bloß nicht zu sehr!« Oder beide Eltern beklagen sich: »Unsere Oma verwöhnt die Kinder nach Strich und Faden.«

Manche Großeltern sagen auch: »Erziehen könnt Ihr die Kinder. Wir wollen sie verwöhnen.«

Meinen alle das Gleiche? Was ist das überhaupt – verwöhnen?

Halten wir uns zunächst an die Bedeutung des Wortes: Es ist abgeleitet von ge-wöhnen. Im Laufe der Erziehung gewöhne ich ein Kind an bestimmte Umstände, an bestimmte Verhaltensweisen der Erwachsenen, damit es darauf mit einem erwünschten Verhalten reagiert.

Ich gewöhne mein Kind daran, dass es, wenn es mal muss, auf die Toilette geht. Ich gewöhne es daran, sich die Hände zu waschen und die Zähne zu putzen. Ich versuche, es daran zu gewöhnen, dass es irgendwann in seinem eigenen Bett schläft. Solange es das aber noch nicht fertig bringt und vor nächtlichen Ängsten immer wieder unter meine Bettdecke flüchtet, ist es keine Verwöhnung, wenn ich bereitwillig ein Stück zur Seite rücke. Da muss die Gewöhnung eben noch ein bisschen warten.

Ver-wöhnen heißt nach der Bedeutung des Wortes, gute Gewohnheiten zu verhindern oder wieder zu verderben.

Wenn Mütter über Omas Verwöhnung klagen, meinen sie manchmal: Oma spielt stundenlang mit dem Kind und liest ihm Geschichten vor, und es erwartet dann, dass ich zu Hause das Gleiche mache. Aber vom Spielen und Geschichtenerzählen können Kinder gar nicht zu viel bekommen, es tut ihnen einfach gut, wenn jemand viel Zeit für sie hat. Und dass Mütter die oft nicht haben, dafür können sie nichts. Mutti wahrscheinlich auch nicht. Aber in vielen stressgeplagten Müttern nagt irgendwo ein Gewissenswurm, der sagt, dass sie sich eigentlich auch mehr Zeit nehmen müssten. Dann erleben sie des Kindes Begeisterung über Omas Vorlesen oder Omas Beteuerung, wie gut das dem Kind täte, als einen ständigen unterschwelligen Vorwurf. Und weil die Begeisterung mit dem vielen Spielen und Vorlesen begonnen hat, möchten sie beides am liebsten reduziert sehen.

Eine verständnisvolle Oma wird diesen Konflikt nicht zusätzlich schüren, indem sie der Mutter ihr Verhalten als erstrebenswertes Beispiel vorhält. Nach dem Motto »Bei mir ist er ganz anders, viel ruhiger und ausgeglichener. Ihr müsstet auch mal ...«. Mit einem solchen Satz treffen sie mit Sicherheit eine empfindliche Stelle. Viel angenehmer ist es, eine Antwort in der Art zu kriegen: »Ich freue mich doch, wenn ich euch damit ein bisschen entlasten kann.«

Etwas anders sieht das schon aus, wenn Oma erlaubt, dass das Enkelchen länger aufbleibt als zu Hause, vor dem Mittag Kuchen isst und die Kartoffelsuppe dann stehen lässt, weil es keinen Hunger hat. Das geht schon gegen die Gewöhnung. Wenn das Kind sehr oft bei den Großeltern ist, wird man da eine gemeinsame Linie finden müssen. Sind solche Besuche eher selten, müssen Sie das nicht so verbissen sehen. Das eine ist dann die Regel, das andere die Ausnahme.

Kinder können sich daran gewöhnen, dass hier das eine gilt und dort etwas anderes. Ebenso wie sie problemlos lernen, dass am Tage die Sonne scheint, in der Nacht aber nicht, dass der Vater gern für Balgereien auf dem Fußboden zu haben ist, die Mutter aber nicht, genauso problemlos lernen sie, dass Oma bereit ist, abends um acht noch Pudding zu kochen, Mama oder Papa aber nicht. Es erweitert ihren sozialen Horizont, wenn sie von klein auf lernen, sich auf recht verschiedene Menschen mit recht unterschiedlichen Gewohnheiten einzustellen.

Die Großeltern gehen ja oft unter viel günstigeren Bedingungen mit den Enkeln um – mehr Zeit, geringere Belastung, und das vielleicht nur einmal pro Woche. Kann man da nicht ohne Groll und Hintergedanken feststellen, dass bei Oma eben andere Regeln gelten als zu Hause?

Es ist ein Segen für Kinder, bei Oma oder Opa einen Ort zu haben, an dem auch mal fünfe grade sind und man sich von den Strapazen der Regelmäßigkeit erholen kann.

Aber was ist denn dann verwöhnen, wenn es all dies noch nicht ist?

Nach meinem Verständnis verwöhne ich ein Kind, wenn ich es an Verhaltensweisen gewöhne, die ihm selbst schaden, es in seiner Entwicklung behindern.

Ich verwöhne ein Kind, wenn ich ihm ständig Dinge abnehme, die es auch selbst erledigen kann.

Ein Beispiel: Der Zwölfjährige soll sein Bett selbst machen und sein Zimmer in Ordnung halten. Aber sobald die Eltern nicht in der Nähe sind, kommt Oma, die im gleichen Haus wohnt, und räumt ihm alles nach – das ist Verwöhnung.

Ich verwöhne ein Kind auch, wenn ich es vor allen Schwierigkeiten bewahre, indem ich selbst immer wieder die Sache in Ordnung bringe. Wenn ich ständig statt seiner dem fremden Kind im Buddelkasten sage, dass es ihm die Schippe nicht wegnehmen darf.

Durch solches Verhalten nehme ich dem Kind die Möglichkeit, zu erleben, was es selbst alles kann, ich beschneide es darin, sich mehr und mehr als Herr seines Geschickes zu fühlen. Ich konserviere in ihm die Einsicht, dass es ohne fremde Hilfe aufgeschmissen wäre. Und das darf ich nicht.

114

Ich verwöhne ein Kind, wenn ich es ständig davor bewahre, die manchmal unangenehmen Konsequenzen seines eigenen Verhaltens auszubaden. Wenn ich verhindere, dass ein fremdes Kind sich wehrt, weil mein Sohn es gehauen hat. Wenn ich die mutwillig abgebrochene Autoantenne nicht wenigstens teilweise vom Taschengeld abstottern lasse, sondern gleich erkläre: »Das zahlt unsere Haftpflichtversicherung.« Wenn ich die Freundin besteche, damit sie wieder zum Spielen kommt, obwohl meine Tochter sie mit ihrem herrischen Gehabe immer wieder vergrault.

In dieser Weise verwöhnte Kinder können nicht lernen, sich so zu verhalten, dass andere gern mit ihnen umgehen.

Verwöhnung ist es auch, wenn ich einem Kind jeden materiellen Wunsch sofort erfülle. Es gewöhnt sich nicht daran, dass man sich für etwas, das man gern hätte, erst anstrengen, dass man eine Weile dafür sparen oder warten muss. Eine Sache verliert an Wert, wenn sie sofort und problemlos zu haben ist. Deshalb sind Kinder, die sofort alles bekommen, oft keineswegs glücklich oder zufrieden.

Verwöhnung, die süchtig machen kann

Im Wortsinne verwöhne ich ein Kind auch, wenn ich auf seine Bedürfnisse mit einer Ersatzbefriedigung antworte, wenn ich es daran gewöhne, sich mit einem solchen Ersatz zufrieden zu geben.

Kleine Kinder zeigen meistens recht deutlich, was sie brauchen. Sie brauchen geeigneten Raum zum Kriechen, Klettern Rennen; Möbel, die nicht kippen, wenn man sich an ihnen hochzieht; Gegenstände, die nicht kaputtgehen, wenn man sie untersucht. Sie müssen auch plappern, reden, kreischen, schreien und anderweitig Krach machen dürfen. Sie brauchen Erwachsene, die geduldig stehen bleiben, sich oft und bereitwillig bücken oder in die Hocke gehen, die zuhören, Fragen beantworten, Geschichten erzählen. Menschen mit Zeit zum Toben und Schmusen. Aber vieles von dem wird oft als störend erlebt, wenn nicht von Eltern und Großeltern, dann von anderen. Und was tun wir, um ärgerliche Zusammenstöße zu vermeiden? Wir stellen das Kind ruhig, indem wir ihm Ersatz anbieten. Das Teefläschchen statt einer Unternehmung, der Lutscher statt Zuwendung, eine Mark statt Zeit und Anerkennung. Nach und nach legt sich bei vielen Kindern dann der Unternehmungsgeist, sie werden ruhiger und pflegeleichter. Viele gewöhnen sich daran, lange vor dem Fernseher zu sitzen, um anderen bei ihren Abenteuern zuzusehen, anstatt selbst welche zu erleben. Fernsehen statt Leben. Wenn sie selbst spielen sollen, wissen sie nicht mehr recht, was.

Weil sie aber selbst nicht mehr auf Abenteuer ausgehen, entwickeln sie auch nicht jene Eigenschaften, die man braucht, um sie erfolgreich zu bestehen. Phantasie, Selbstbewusstsein und die Fähigkeit, sich durch Misserfolge nicht gleich umwerfen zu lassen, Pfiffigkeit beim Suchen von Umwegen, wenn der direkte Weg versperrt ist, die Fähigkeit, mit anderen zu allseitiger Zufriedenheit und beidseitigem Gewinn umzugehen.

Während das kleine Kind noch deutlich zeigt, was es will und was es braucht, weiß es das heranwachsende Kind oft selbst nicht mehr genau. Es weiß nicht, warum es manchmal umtriebig, unzufrieden und ungenießbar wird. Es »hängt rum«, hat »null Bock«, nur manchmal die unbestimmte Lust, aus alldem auszubrechen. Und leider häufig das Bedürfnis, als Mittel gegen den Frust zur Flasche zu greifen – hatten wir das nicht schon?

Der Schriftsteller Aldous Huxley beschreibt in seinem prophetischen Roman *Schöne neue Welt*, wie den Menschen der Zukunft täglich eine Dosis »Soma« verabreicht wird, ein Mittel, das sie bedürfnislos, zufrieden und fröhlich macht. Haben wir das Soma für unsere Kinder schon erfunden?

Auch manches andere, was Jugendliche gern tun, ist Ersatzbefriedigung. Zum Beispiel »sich zudröhnen« – sich mit lauter, wilder Musik, die einem noch den letzten Gedanken aus den Gehirnwindungen bläst, zu betäuben. Oder auch mit anderen Mitteln, die beruhigen, glätten oder in bessere Welten entführen – Soma.

Das mag jetzt sehr pessimistisch klingen, aber ich sehe tatsächlich eine Linie, die von unseren Versuchen, unbequeme Kleinkinder mit Ersatz abzuspeisen, zu dem dumpfen Unbefriedigtsein vieler Jugendlicher führt, das diese wiederum mit Ersatz zu bekämpfen versuchen.

Ihr Enkelkind ist wahrscheinlich noch klein und wichtige Entwicklungsprozesse liegen noch vor ihm. Vielleicht tröstet Sie beim nächsten Mal, wenn es mit seinem Bewegungsdrang an Ihren Nerven zerrt, der Gedanke, dass unbequeme Kinder besser geschützte Kinder sind. Kinder, die alles anfassen, manches kaputtmachen, bei unpassenden Gelegenheiten laut schreien, naseweis und lästig sind, sind heute und später weniger in Gefahr, sich mit billigen Tröstern abspeisen zu lassen, süchtig zu werden nach Dingen, die ihnen vermeintlich helfen.

Dafür lohnt es sich doch, Zusammenstöße mit unverständigen Zeitgenossen zu riskieren, sich für eine kinderfreundlichere Umwelt stark zu machen.

Angsthasen und Draufgänger

Noch in der Generation unserer Eltern war es üblich, den Weihnachtsmann, den schwarzen Mann oder auch nur die Maus, die ein neugieriges Kind aus einem verbotenerweise geöffneten Schrank anspringt, als Miterzieher zu missbrauchen.

Mit ihnen versuchte man, kleine Kinder durch Angst gefügig zu machen. Heute ist das verpönt. Wir halten uns ans Rationale, erklären, ermutigen. Wir »frisieren« grausige Stellen in Märchen oder erfinden neue Geschichten mit freundlichen Ungeheuern und mutigen Kindern zur Angstabwehr. Und trotzdem liegen viele Drei- und Vierjährige eines Tages angstschlotternd in ihrem Bett, erzählen wilde Geschichten von einem bösen Tier mit glühenden Augen, das unter ihrem Bett sitzt und sie beißen will. Oftmals löst das zornige Fahndungen aus: Wer hat dem Kind diesen Unsinn erzählt? Wo hat es das so plötzlich her?

Wir können uns die größte Mühe geben, ein Kind ohne Angst zu erziehen (und sollten das auch tun!). Wir werden damit nicht alle Kinderängste verhindern. Sie entstehen von selbst, bei der Auseinandersetzung des Kindes mit eigenen Konflikten oder im Zuge bestimmter Entwicklungsschritte. Sie bedienen sich oft der gleichen magischen Bilder und Figuren, die auch unsere alten Märchen bevölkern.

Schädlich ist nicht, dass Kinder gelegentlich oder vorübergehend Angst haben, schädlich wird es erst, wenn sie sich dieser Angst hilflos ausgeliefert fühlen. Deshalb muss nicht kindliche Angstfreiheit unser Erziehungsziel sein. Deshalb ist so ein Anfall von Angst kein Armutszeugnis für unsere pädagogischen Fähigkeiten, deshalb müssen wir den Kindern die Angst auch nicht durch rationale Erklärungen »wegreden«. Wichtiger ist, dass wir ihnen bei der Bewältigung der Angst helfen.

Kinder suchen und finden dafür oft ihre eigenen Methoden. Und die Erfahrung, dass sie das schaffen, macht sie selbstbewusster und unabhängiger als übertriebenes Behüten.

Was tun also mit dem Dreijährigen, unter dessen Bett eines Nachts ein böses und bissiges Krokodil sitzt? Wir werden ihm wohl erklären, dass ein Krokodil nie über die Treppen bis in den vierten Stock käme. Für unseren Erwachsenen-Verstand ist das Problem damit erledigt. Was aber, wenn das Krokodil trotzdem noch da ist?

Das Kind kennt vielleicht andere Möglichkeiten: den großen Karton vors Bett stellen, das Biest hineintreiben und dann nach draußen tragen; ein Schälchen mit Marmelade vor die Tür, damit es sich dahin zurückzieht ... Gefahren aus der Phantasie lassen sich auch durch Phantasie bewältigen. Das können Kinder besser als wir, lassen wir uns ruhig von ihnen anleiten.

Vielleicht beschließt unser Dreijähriger in den nächsten Tagen auch, sein weiteres Leben als Krokodil zu verbringen. Er wünscht sein Essen in einem Schälchen unter dem Küchentisch einzunehmen, robbt auf dem Bauch herum und traktiert unsere Beine mit plötzlichen Beiß-Attacken. In der Sprache der Psychologen bedeutet das: Er versucht, etwas beängstigend Aggressives durch Identifikation zu bewältigen. Versuchen wir dann, den Bissen des Untiers ängstlich auszuweichen, genießt das Kind vielleicht seine Macht, oder es erklärt uns überlegen, im Grunde sei das Tier doch ungefährlich.

Manche Kinder, die sich ängstlich und verzagt fühlen, erfinden sich auch starke, beschützende Spielgefährten – den »lieben Löwen« vielleicht oder den Geist mit den Zauberkräften. Besser, sie helfen sich selbst in dieser Weise, als wenn sie ängstlich klammernd Schutz und Hilfe immer nur von uns erwarten. Der liebe Löwe kann sie überallhin begleiten, wir können das nicht.

Auch Spiele, die Kinder erfinden, drehen sich oft um Angst und Angstbewältigung. »Gespenst spielen« im Dunkeln, dabei heulen und funkeln – wie lange kann man's aushalten, bis man davonrennt? Wird es weniger bedrohlich, wenn man es selbst inszeniert?

Kindern Angst zu machen ist Erwachsenen nicht erlaubt. Was aber, wenn das sonst so ängstliche Kind von sich aus das Märchen *Von einem, der auszog, das Fürchten zu lernen* unbedingt wieder und wieder hören will? Es wird seine Gründe haben, also lesen Sie ihm das Märchen vor! Aber nehmen Sie Ihr Enkelkind dabei fest in den Arm, dann erträgt es das Unheimliche doch leichter.

Manche Kinder malen auch ihre Angst und helfen sich dabei selbst, sie zu überwinden. Stifte, Farben und viel Papier brauchen sie dazu, aber bestimmt nicht den wohl gemeinten Rat »Mal doch lieber mal was Schönes!«.

Wieder anderen hilft es, wenn sie etwas Beängstigendes genau erforschen dürfen – das rasselnde, leuchtende Spielding auseinander nehmen, bis es vorbei ist mit dem Rasseln und Leuchten; den Staubsauger selbst an- und ausschalten und sich damit zum Herrn über sein Gejaule machen.

Die Initiative muss immer vom Kind selbst ausgehen. Denn der Selbstsicherheit helfen solche Bewältigungsversuche nur, wenn das Kind sie sich zutraut und wenn es am Ende dabei Sieger bleibt.

Großeltern haben für kleine Hasenfüße oft mehr Verständnis als Eltern, weil sie sich nicht ständig mit diesen Ängsten herumschlagen müssen. Weil sie deshalb nicht so leicht auf die Idee kommen, dass die kleine Maus übertreibt, um das schöne Gefühl, vollkommen behütet und umsorgt zu sein, auszukosten.

Oft sind aber auch die Großeltern besonders ängstlich und bremsen damit die Unternehmungslust ihrer Enkelkinder. Großeltern wissen oft nicht so genau, was die Kleine schon allein bewältigen kann und was nicht. Und da wollen sie lieber kein Risiko eingehen und »betutteln« sie nach Strich und Faden. Halten sie beim Treppensteigen fest an der Hand, heben sie auf die Schaukel und wieder herunter, setzen sie lieber in den Buggy, statt sie laufen zu lassen. Passiert das nur gelegentlich, ist es kein Beinbruch. Wenn das Kind aber häufiger bei Opa und Oma ist, kann diese Art, übervorsichtig und ängstlich mit ihm umzugehen, großes Gewicht haben.

Ein Kind traut sich selbst das zu, was andere ihm zutrauen. Folgt auf jeden Griff am Klettergerüst die Mahnung »Pass auf!«, steigt die Wahrscheinlichkeit erheblich, dass genau das passiert, was Oma durch ihre Mahnung verhindern wollte. Die Warnung bremst den kühnen Bewegungsablauf, das Kind zögert, wird unsicher – und fällt. Wird es zu oft auf diese Weise ermahnt, muss es den Eindruck bekommen, das Leben an sich sei eine äußerst gefährliche Angelegenheit, auf die man sich am besten nur ganz zurückhaltend einlässt. Ist es nicht doch zu schade um den Optimismus des kleinen Draufgängers?

Es ist durchaus nicht so, dass Kinder, die man nicht bremst, sich unentwegt in Gefahr bringen. Sicher, gegen Autos und ähnliche Gefahren sind sie wehrlos. Aber beim Klettern zum Beispiel legen die meisten eine erstaunliche Umsicht und Vorsicht an den Tag, gerade wenn sie nicht daran gewöhnt sind, dass ständig einer aufpasst und sie festhält. Ein sicheres Gefühl für den eigenen Körper, für seine Möglichkeiten und Grenzen bekommen sie nur, wenn sie selbständig und auf eigenes Risiko mit ihm umgehen. Lassen Sie Ihr Enkelkind also so oft wie möglich probieren, selbst mit den Tücken der Objekte zurechtzukommen. Nichts spricht dagegen, dass Sie vorsichtig lauernd in der Nähe stehen, um im Falle eines Falles schnell Ihre schützenden Hände aufzuhalten. Aber merken sollte das Kind das besser nicht.

Vielleicht sind Sie ganz froh, wenn Ihre Enkelin sich nicht aufs Klettergerüst traut, vielleicht gehen Sie auch lieber gleich dazwischen, wenn sie mit einem anderen Kind handgreiflich wird, damit Sie nicht riskieren, abends der Mutter erklären zu müssen, wo das arme Kind denn diese Beule oder Schramme herhat. Aber wer stundenlang mit einem kleinen Kind umgeht, ist nun mal vor Beulen und Schrammen nicht gefeit. Die beweisen überhaupt nicht, dass Sie nicht gut genug aufgepasst haben.

Ohne ein bisschen Herzklopfen und Mut zum Risiko kann man Kinder nicht großziehen.

Zu viel Vorsicht macht Kinder verzagt und mutlos. Wenn man sie ständig davon abhält, Riskantes auszuprobieren, lernen sie zu selten das herrliche Gefühl kennen, etwas Schwieriges geschafft zu haben. Sie erfahren zu wenig, was sie sich alles zutrauen, wie viele Schwierigkeiten sie überwinden können. Das wirkt sich nicht nur heute und morgen aus, wenn sie lieber nicht über den Balken balancieren, weil sie herunterfallen könnten, sondern auch übermorgen, wenn sie den Job im Ausland lieber ablehnen, weil sie Angst haben, zu versagen. Rudolf Dreikurs, ein berühmter Pädagoge, hat das in seinem Buch *Kinder fordern uns heraus* so ausgedrückt: »Ein verletztes Knie wird wieder gut; verletzter Mut kann ein Leben lang anhalten.«

Anfassen nur mit Erlaubnis

Großeltern mögen es gern, wenn Enkelkinder brav die Hand geben, zur Begrüßung Küsschen schenken, sich auf den Arm nehmen und knuddeln lassen, ohne sich spröde wegzudrehen.

Kleine Kinder aber haben nicht immer Lust auf solche Zärtlichkeiten. Sie dazu zu drängen, »weil Oma es doch so gern mag«, ist eine zweischneidige Sache. Und Oma ist nicht gut beraten, wenn sie bei Verweigerung gekränkt ist.

In den letzten Jahren häufen sich Berichte über Erwachsene, die Kinder sexuell missbrauchen. Und wir wissen inzwischen, dass das vorwiegend Menschen, Männer aus der unmittelbaren Umgebung der Kinder sind – Verwandte oder gute Bekannte, denen das Kind vertraut, die es lieb hat. Kinder wären gegen sexuellen Missbrauch besser geschützt, wenn sie selbstbewusster und entschiedener Nein sagen könnten, wenn sie in der Überzeugung aufwüchsen, dass niemand mit ihnen etwas machen darf, was sie selbst nicht wollen.

Wir können eine ganze Menge dazu tun, Kinder widerstandsfähiger zu machen gegen Verhaltensweisen von Erwachsenen, die ihnen unangenehm oder unheimlich sind. Wir können ihr Selbstbewusstsein und ihr Vertrauen in die eigene Urteilsfähigkeit stärken.

Das fängt bei den ganz Kleinen an. Jeden reizt es gelegentlich, so ein zartes, weiches Wesen mal schnell in den Arm zu nehmen, zu herzen und zu küssen. Aber will das Kind das auch? Ein Kind ist kein Kuscheltier. Es ist nicht dazu da, unser eigenes Bedürfnis nach Zärtlichkeit und menschlicher Wärme zu befriedigen. Sicher, Kinder brauchen viel Zärtlichkeit. Aber sie zeigen uns durch ihr Verhalten, durch Gesten der Zuwendung oder Ablehnung, ob sie jetzt gerade, ob sie gerade mit uns zum Schmusen aufgelegt sind oder nicht. Diese Hinweise haben wir zu respektieren. Tun wir es nicht, gewöhnen wir sie daran, die Launen Erwachsener stoisch über sich ergehen zu lassen. Gerade daran aber dürfen sie sich nicht gewöhnen!

Auch wenn sich ein kleines Kind vor unseren freundlich ausgestreckten Händen hinter Mutters Hosenbein zurückzieht, sollten wir die kritische Distanz achtungsvoll einhalten. Oder möchten Sie einfach von jedem Menschen angefasst werden?

Diese Achtung vor dem Wunsch des Kindes nach Distanz gilt für alle Formen körperlicher Berührung. Es muss Opa kein Küsschen geben, wenn es das nicht mag, es muss sich auch von Oma nicht auf den Arm nehmen lassen. Das ist für Großeltern oft schwer zu ertragen. Sie lieben ihr Enkelkind heiß und innig, das aber hält, wenn es sie nicht täglich sieht, oft längere Zeit kritischen Abstand. (Lesen Sie dazu auch S. 69 ff.)

Ein kleines Kind muss auch niemandem auf Anweisung die Hand geben. Sicher, manchmal ist es ein bisschen peinlich, wenn es als Reaktion auf eine freundlich hingehaltene Hand die seine trotzig auf dem Rücken versteckt. Aber Erwachsene sollen sich das Vertrauen eines Kindes ruhig verdienen, statt es zu verlangen. Und freundliche Zuwendung kann man auch noch anders ausdrücken als durch Händeschütteln. Das Kind sollte immer wissen, dass es die Nähe oder Distanz zu einem Menschen selbst bestimmen kann, ohne dafür gescholten zu werden.

Auch ein widerborstiges Kind, eines, das nicht aufs Wort gehorcht, ist weniger in Gefahr, sich einen Missbrauch gefallen zu lassen. Trösten Sie sich damit, wenn es Ihr Enkelkind grad mal wieder an dem vermeintlich nötigen Respekt Erwachsenen gegenüber fehlen lässt. Es hat Vorteile, nicht immer brav zu sein!

Kinder äußern sich häufig kritisch über Erwachsene. Und nicht immer ist ihr Urteil von den nötigen Einsichten bestimmt, nicht immer halten sie sich dabei an die Regeln des Anstands. Das kann man monieren. Aber sie sollten aus unseren Reaktionen nicht den Schluss ziehen, dass es Kindern überhaupt nicht zusteht, über Erwachsene kritisch zu urteilen. Oft genug erfassen sie deren Schwächen und Fehler mit erstaunlichem Scharfblick. Und sie können nur lernen, ihrem eigenen Urteil zu trauen, wenn wir sie auch dabei unterstützen. Bequemer und weniger anstrengend ist es allerdings, ihnen in solchen Fällen einfach den Mund zu verbieten.

Als Baby schon zwei Sprachen lernen?

In vielen Familien stammt heute ein Elternteil aus einem anderen Land, ist mit einer anderen Sprache aufgewachsen. Sie mögen vielleicht der Meinung sein, dann sollten sich beide auf die Landessprache einigen, um das kleine Kind nicht zu überfordern. Aber das ist nicht richtig.

Nie wieder lernt ein Kind so leicht eine Sprache wie in den ersten Lebensjahren. Und es macht ihm auch kaum etwas aus, zwei, ja drei Sprachen gleichzeitig zu lernen. Es wird wahrscheinlich etwas länger brauchen, bis es selbst aktiv und richtig spricht, anfänglich wird es hin und wieder ein bisschen Kuddelmuddel geben, negative Auswirkungen hat das aber nicht. Später, in der Schule, entwickeln solche Kinder leichter Verständnis für den Aufbau einer Sprache, haben also Vorteile im Deutsch- und Fremdsprachenunterricht.

Jede Mutter, jeder Vater sollte mit seinem Kleinkind in der Sprache reden, die ihm selbst am vertrautesten ist. Denn in der eigenen Sprache lassen sich am besten Zärtlichkeiten sagen, Schlaflieder singen, Verslein aufsagen und Späße treiben. Und all das ist für ein kleines Kind seelische Grundnahrung.

Zweisprachig aufzuwachsen ist deshalb für ein Kind alle Mal ein großer Vorteil.

Selten allerdings wird ein Kind beide Sprachen gleich perfekt lernen. Vorrang sollte immer die Sprache des Landes haben, in dem die Familie lebt oder in Zukunft leben will. Dass das Kind die beherrscht, ist eine der wichtigsten Voraussetzungen für die Schule und für sein späteres berufliches Fortkommen.

Manchmal gibt es vielleicht dem Herzen einen kleinen Stich, wenn Schwiegersohn und Enkeltochter in einer Sprache miteinander reden, die Oma nicht versteht. Was sagen die beiden zueinander? Soll sie das nicht verstehen? Warum nicht? Aber solche Geheimnisse haben auch Verwandte gleicher Sprache miteinander. Sie flüstern sie sich ins Ohr oder gehen mal eben gemeinsam in die Küche.

Betroffene Großeltern müssen auch nicht befürchten, dass sie selbst jetzt noch eine Fremdsprache lernen müssen, um ihr Enkelkind zu verstehen. Ein paar Brocken werden sie von allein aufschnappen – was »Nuckel« heißt oder »allein machen«,

»Durst« oder »schlafen«. Vielleicht fragen sie auch einfach aus Interesse nach diesem und jenem. Ansonsten wird das Kind sehr schnell lernen, in welcher Sprache es mit wem sprechen muss, damit es verstanden wird. Bald wird es nichts mehr verwechseln.

Das liebe Geld

Unterschiedliche Ansichten über den Umgang mit Geld, über ungeplante Aufstockung des Taschengeldes, Erfüllung überzogener Wünsche, zu hohe Zuschüsse für die Klassenfahrt – das ist einer der Hauptstreitpunkte zwischen Großeltern und Eltern.

Die meisten Eltern versuchen feste Regeln einzuhalten. Soundso viel Taschengeld pro Woche, mehr nicht. Das Kind soll einteilen lernen, die Eltern wollen sich schützen vor überzogenen Ansprüchen. Dann kommt Opa, hört was von Ebbe im Portemonnaie und lässt schnell mal einen Fünfer in die unauffällig aufgehaltene Hand gleiten. Das Kind feixt, und Mama ist sauer.

Warum tut Opa das? Hat er nicht, als er selbst Vater von Kindern war, auch versucht, klare Regeln einzuhalten?

Opa kann jetzt, da er die Kinder nicht ständig um sich hat, schwerer nein sagen. Er möchte den Enkeln etwas Gutes tun und hat nur recht wenig Gelegenheit dazu. Und es ist so schön, Kinderaugen dankbar glänzen zu sehen.

Aber würden die nicht auch glänzen, wenn er ihnen statt Geld lieber Zeit schenken würde? Ab S. 157 finden Sie eine Menge Anregungen dazu.

Die Anhänglichkeit von Kindern muss man nicht kaufen. Gemeinsame Unternehmungen verbinden noch mehr als Geschenke.

Manchmal mögen solche ungeplanten Finanzspritzen auch den Eltern ganz gelegen kommen. Wenn es für das neue Fahrrad trotz allseitiger eifriger Bemühungen in diesem Sommer nicht reicht – was soll das arme Mädchen im Winter mit einem neuen Fahrrad? Aber das sollte man vorher besser mit den Eltern besprechen. Haben sich wirklich alle eifrig bemüht, oder hat die junge Dame ihren Anteil am Sparprogramm schleifen lassen? Dann wäre es doch höchst unpädagogisch, jetzt einfach was nachzuschieben.

Auch ein Zuschuss für die Klassenreise ist sicher manchmal sehr nötig. Da müssen noch neue Gummistiefel oder Jeans gekauft werden, und der Fahrpreis ist auch ganz schön happig. Aber am letzten Tag schnell noch einen Zwanziger zur freien Verfügung mit auf die Reise zu schicken untergräbt die Moral. In vielen Schulklassen wird die Höhe des Taschengeldes vorher ausgehandelt, damit alle das Gleiche haben, niemand vor den anderen angeben kann. Das ist sehr sinnvoll. Aber ich möchte das Kind sehen, das dieser Versuchung widerstehen kann und den Zuschuss ablehnt. Fragen Sie doch lieber vorher, was noch gebraucht wird oder mit Ihrer Hilfe etwas üppiger ausfallen könnte.

Das Gleiche gilt, wenn Kinder unbedingt etwas Bestimmtes kaufen wollen. Oft verlangen Eltern aus pädagogischen Gründen, dass sie damit warten oder das Geld selbst zusammensparen. Sie sollen erfahren, dass man nicht alles sofort haben kann, dass man sich für die Erfüllung von Wünschen auch anstrengen muss. Und das verhindern Sie, wenn Sie einfach etwas dazulegen.

Sicher, Großeltern mögen es ein bisschen genießen, dass sie für die systematische Erziehung nicht mehr zuständig sind, dass sie sich jetzt mehr nach Lust und Laune richten können. Aber müssen sie deshalb die Bemühungen der Eltern oder Lehrer untergraben? Je jünger ein Kind ist, umso dringender sollten Eltern den Überblick darüber behalten, wie viel Geld es zur Verfügung hat.

Schütten wir freilich das Kind nicht mit dem Bade aus. Mal ein Mickeymaus-Heft oder ein Eis außer der Reihe gefährdet sicher nicht die Erziehung. Und der traditionelle Anerkennungszuschuss an Zeugnistagen auch nicht. Aber muss eine Eins wirklich mehr einbringen als eine Drei? Ist nicht Trost manchmal wichtiger als Auszeichnung? (Mehr dazu auf Seite 91.)

Nicht allen das Gleiche, sondern jedem das Seine

Vielleicht haben Sie ja nicht nur ein Enkelkind, sondern mehrere – von einem oder mehreren Kindern. Dann werden Sie sich redlich bemühen, allen gleichermaßen gerecht zu werden, keines zu bevorzugen oder zu benachteiligen. Und Sie werden damit die gleichen Schwierigkeiten haben wie Eltern mit mehreren Kindern.

Viele Eltern erleben Ausbrüche kindlicher Eifersucht als pädagogisches Versagen. Sie stellen an sich den Anspruch, alle so offensichtlich gleich lieb zu haben und gleich zu behandeln, dass daran kein Zweifel aufkommen kann. Und dann reagieren sie leicht mit überzogenen Bemühungen, ja niemanden zu benachteiligen. Sie zählen die Kirschen im Nachtisch ab, und wenn der eine das heiß begehrte Spielzeug bekommt, kriegen die beiden anderen auch eins, obwohl ihnen an dem Ding gar nichts liegt. Und trotzdem ...

Gleich behandelt zu werden ist nicht das, was Kinder möchten und brauchen. Sie wollen etwas ganz Besonderes und Einmaliges sein und das im Verhalten der Eltern oder Großeltern auch erfahren.

Kinder sind doch auch ganz verschieden, schon vom Alter her. Wollen Sie dem Einjährigen ein Überraschungsei kaufen, nur weil die große Schwester eins kriegt? Was soll er damit, außer, es zwischen den Fingern zu zermanschen? Was eines schon oder noch darf oder nicht darf, muss nach Alter und Persönlichkeit entschieden werden. Sie müssen den Zweijährigen daran hindern, das Gartentor aufzumachen und hinauszulaufen, die Fünfjährige aber nicht. Sie würde als ungerechte Einengung erleben, was für den Kleinen notwendiger Schutz ist.

Aber auch der kopflose Wildfang braucht andere Regeln als die gleichaltrige besonnene Cousine. Kinder entwickeln sich in ihrer Persönlichkeit ganz unterschiedlich. Jedes Kind reagiert auf seine Weise auf die Bedingungen seiner Umwelt. Und jedes versucht, sich auf einem Gebiet hervorzutun, das es in seiner Umgebung nicht schon besetzt findet. Erlebt zum Beispiel ein jüngerer Bruder, dass der Große bei den Hausaufgaben ständig Mutters Hilfe braucht, legt er vielleicht seinen Ehrgeiz darein, seine Aufgaben ganz schnell und ohne Hilfe zu erledigen. »Da brauchst du dich nicht drum zu kümmern, ich bin schon fertig.« Ich möchte die Mutter sehen, die das nach längerer ärgerlicher Plackerei mit dem Großen nicht mit freudiger Erleichterung zur Kenntnis nimmt und mit einem Gefühl warmer Dankbarkeit honoriert. In dem Moment ist ihr der Kleine lieber. Es ist einfach nicht möglich, seine Kinder jederzeit und unter allen Bedingungen gleich lieb zu haben. Im Regelfall werden solche situationsbezogenen oder zeitweisen Bevorzugungen wechseln, und keines wird dabei zu kurz kommen.

Deshalb kann Gerechtigkeit für Geschwister wie für Enkelkinder nur sein, jedem zu seiner Zeit und seinen Eigenheiten entsprechend das zu ermöglichen und zukommen zu lassen, was er gerade braucht. Haben Sie Mut zur Ungleichheit, Gleichmacherei ist nicht notwendig.

Allerdings hat das unausweichlich zur Folge, dass Kinder diese unterschiedlichen Haltungen gegeneinander aufwiegen. Und dabei »schielen« sie gern auf das, was für sie nachteilig ist. »Die darf das, und ich nicht.«

Wenn Ungleichbehandlung notwendig ist, brauchen die Erwachsenen das nicht zu bestreiten. Sie können dazu stehen und versuchen, ihren Standpunkt zu erklären. Dann darf das Kind aber auch solche Vorwürfe äußern, ohne sich sofort eine Moralpredigt einzuhandeln. Und das ist wichtig, denn Eifersucht nagt noch mehr an einem, wenn man sie nicht äußern darf.

Fassen Sie die Eifersucht Ihrer Enkelkinder nicht als Vorwurf und Angriff gegen die eigene Integrität oder die der Eltern auf. Sehen Sie sie eher als Ausdruck der kindlichen Befindlichkeit an. Dann können Sie viel gelassener damit umgehen. Statt sich zu rechtfertigen, können Sie dem Kind freundlich zuhören, können versuchen, seine Sicht zu verstehen. Schon das hilft ihm. Dann können Sie überlegen, wie seinem nagenden Gefühl, zu kurz zu kommen, abzuhelfen ist. Müssten vielleicht der Älteren, die immer nur die Nachteile des Älterseins sieht, die Vorteile etwas deutlicher gemacht werden? Braucht die Große vielleicht hin und wieder eine Extrawurst, »nur für Ältere«? Könnte sie mal mit Oma und Opa allein etwas unternehmen, wenn die Eltern damit zur Zeit überfordert sind?

Manchmal geraten Eltern auch mit einem Kind über längere Zeit in einen »Dauerclinch«. Das Kind ist in der Familie in die Rolle des Schwarzen Schafes gerutscht. Es fühlt sich benachteiligt und missverstanden, aber aus Wut und Trotz verschafft es dem Ärger der Eltern ständig neue Nahrung. Keiner sieht mehr das Positive im anderen, Eltern und Kind giften sich nur noch gegenseitig an. Hier können Großeltern eine große Hilfe sein. Sie machen oft die Erfahrung, dass das Sorgenkind sich bei ihnen ganz anders verhält. Es kann bei ihnen aus diesem Teufelskreis gegenseitiger Kränkung ausbrechen, fühlt sich angenommen und verhält sich entsprechend. Ob es für eine Weile viel Zeit mit Oma und Opa verbringen kann, damit sich zu Hause die Situation etwas entspannt? Oder ob es vorübergehend ganz bei ihnen bleiben kann?

Kinder, die nach Jahren des Einzelkinddaseins noch ein Geschwister bekommen, leiden oft sehr unter dem Gefühl, bei den Eltern nicht mehr die erste Geige zu spielen. Zu Hause dreht sich scheinbar alles nur noch um den Neuankömmling. Das ist eine gute Gelegenheit für Großeltern, sich des Entthronten besonders anzunehmen. Mit dem Neuen können sie ohnehin noch nicht so viel anfangen, weil es wahrscheinlich noch sehr auf seine Eltern fixiert ist. Zu ihm muss eine Beziehung erst aufgebaut werden. Eine Beziehung, die zum Älteren schon besteht.

Allerdings darf das erstgeborene Kind nicht den Eindruck haben, dass es bei Oma oder Opa »abgestellt« wird, weil die Eltern jetzt etwas Besseres haben. Das macht die Situation eher schlimmer als besser.

Bei allem Verständnis für das nagende Gefühl der Zurücksetzung und des Zukurzkommens wird aber auch in jeder Familie ein Bodensatz an alltäglichen Eifersüchteleien übrig bleiben, die Sie mit dem beruhigenden Gefühl der Unvermeidbarkeit einfach übergehen dürfen.

Eines sollten Sie allerdings nicht tun, wenn Sie die Eifersucht unter den Kindern nicht unnötig schüren wollen: ein Kind dem anderen als Beispiel anführen – das selbständige dem unselbständigen, das besonnene dem Hitzkopf. Sobald Sie anfangen, individuelle Unterschiede in Vorzüge und Fehler einzuteilen, schleicht sich ein hässlicher Ton in die Musik.

Gesund und munter aufwachsen

Was haben wir uns (jedenfalls die Älteren) noch verrückt machen lassen mit starren Regeln für die Säuglingspflege. Füttern streng nach der Uhr – alle vier Stunden und nachts überhaupt nicht. Und dann saßen wir verzweifelt auf der Bettkante und warteten, bis es endlich sechs oder doch wenigstens fünf Uhr morgens war, damit wir dem fordernden Geschrei unseres Kindes nachgeben durften, ohne den Ruf als gute, pflichttreue Mutter aufs Spiel zu setzen.

Unser Gefühl sagte uns schon damals, dass es anders besser wäre, aber wir haben den Autoritäten mehr geglaubt.

Und dann das Theater mit den verschiedenen Wickeltüchern, in die man den Säugling in den ersten Wochen zu wickeln hatte. Alles gekocht und heiß gebügelt. Kind links auflegen, untere Kante umschlagen, rechte Seite umschlagen ... Ich persönlich konnte mir noch so große Mühe geben, meinen Kindern gelang es immer, das Paket zu sprengen. Heute kommt der Winzling von Anfang an einfach in Strampelhosen – lustig bunt und ganz normal gewaschen.

Tägliches Baden war ein Muss, auch wenn wir das warme Wasser töpfeweise aus der Küche anschleppen mussten. Das Baden wurde dann oft zu einem Zeit und Kraft zehrenden Programm.

Heute gilt, was wir wohl damals schon insgeheim dachten: Es schadet nichts, mal einen oder zwei Tage auszulassen. So schmutzig ist ein kleines Kind doch gar nicht – vom Windelinhalt mal abgesehen, aber der muss ja ohnehin separat entsorgt werden.

Und dann das Stillen – erinnern Sie sich noch: ausgekochter Stillbüstenhalter, sterile Einlagen drin, nach jedem Stillen Abreiben der Brust mit Franzbranntwein. Nicht wie heute – mal eben den Pulli hochgezogen und den Schreihals zufrieden gestellt!

Vieles wird heute lockerer gesehen

Wann und wie lange ein Baby schlafen will, überlassen wir heute ihm selbst und lassen es uns nicht mehr von Ärzten oder Ratgebern vorschreiben.

Junge Eltern glauben auch nicht mehr, dass Babys nur auf einer festen Matratze in einem optimal temperierten ruhigen Raum schlafen können – sie tragen sie einfach mit sich herum. Und sie muten ihnen nicht desinfizierte Finger von Freunden zu, die es auch mal auf den Arm nehmen, »du du« oder »kille kille« machen wollen.

Und die Kinder leben noch, sind munter und fidel, wachsen stressfreier heran, weil sich auch ihre Eltern nicht mehr so unter Druck setzen lassen. Gelassene Freundlichkeit ist für ihr Gedeihen viel wichtiger als perfekte Hygiene.

Wie sauber müssen Kinder sein?

Die Vorstellungen von Sauberkeit und Hygiene, die für unsere Mütter und vielleicht auch noch für uns gültig waren, sind inzwischen ziemlich auf den Kopf gestellt worden. Als wir Kinder waren, galt strikte Sauberkeit ums Kind herum als Versicherung gegen allerlei gefährliche Infektionen, die in früheren Generationen viele Kinder dahingerafft haben. Und zu den Putzmitteln, die dafür angeboten wurden, hatten unsere Mütter noch großes Vertrauen.

Andererseits konnten sie zum Beispiel unserem Appetit auf Buddelsand mit der Maxime begegnen: »Dreck reinigt den Magen«. Für den Sand gilt das auch heute noch, nicht aber für das, was möglicherweise drin ist, seien das nun Reste von Tschernobyl, Blei aus Autoabgasen oder Hundedreck. Dreck sieht heute nicht unbedingt schmutzig aus. Den Kindern droht von dem knackig rot glänzenden Apfel womöglich mehr Gefahr als vom Staub auf dem Fußboden. Und wir können froh sein, wenn das Kind nur mit Modder beschmiert ist und nicht kontaminiert ist mit allem Möglichen, das man nicht sieht.

Der gar zu üppige Gebrauch von Wasch- und Putzmitteln schadet eher, als dass er nutzt. Schon meine Tante hat mir als Kind manchmal das lästige Abseifen erspart, indem sie lachend behauptete: »Ach, davon wird die Haut nur dünn.« Heute kann man das wissenschaftlich exakter ausdrücken: Zu viel Seife zerstört den Säureschutzmantel der Haut, sei sie auch noch so ph-neutral und rückfettend.

Kleinkinder, die noch nicht überall herumkriechen, müssen nicht unbedingt täglich gebadet werden, abgeseift schon gar nicht. Auch bei den Größeren reicht oft klares Wasser. Je weniger es in den Augen brennt, desto lieber hüpfen und strampeln sie in der Wanne herum, und das reinigt auch – mechanisch sozusagen.

Und erst recht all die Deos, Sprays, Weichspüler, Cremes und Wässerchen, ohne die man, glaubt man der Reklame, gar nicht überleben kann! Rückstände von Waschmitteln und Weichspülern schädigen die Haut oder lösen Allergien aus.

Eine Haut, die ohne Not ständig eingecremt wird, verliert die Fähigkeit, sich selbst mit Fett zu versorgen. Und selbst dem wunden Windelpopo hilft Frischluft wesentlich mehr als eine dicke Cremeschicht.

Desinfektionsmittel töten alle Bakterien, auch die, die wir notwendigerweise in unserem Körper und unserer Umgebung brauchen. Selbst den krank machenden Bakterien ist ein Kleinkind ohne chemische Keule nicht hilflos ausgeliefert. Das Neugeborene kommt mit einer gehörigen Portion mütterlicher Abwehrstoffe auf die Welt, später bildet sein Körper selbst neue. Auch diese Fähigkeit muss trainiert werden. Zu viel Hygiene ums Kind herum verhindert das.

Gegen die Bakterien, die sozusagen zur Familie gehören, kann es sich ohne chemische Hilfe recht gut wehren. Und die Fliege an der Wand ist wahrscheinlich weniger gefährlich als das Insektenspray, das ihr den Garaus machen soll. Sie müssen also weder Ihr Bad noch Ihre Küche sterilisieren, wenn Sie Ihr Enkelkind dort versorgen wollen.

Bleiben wir also auf dem Teppich, auch wenn der ein bisschen verstaubt ist. Es ist außerdem ein nervtötendes und spaßverderbendes Unterfangen, unternehmungslustige Kinder sauber zu halten.

Obwohl kleine Kinder oft vom Fußboden essen, müssen Sie sich nicht den alten Spruch zu Eigen machen, dass man bei einer guten Hausfrau vom Fußboden essen kann. Sonst haben Sie ja keine Zeit und Lust mehr, mit den Enkelkindern zu spielen! Je eifriger Sie putzen, desto eher nehmen Sie es übel, wenn das Enkelchen den Teppich vollkrümelt oder Brotstückchen auf dem Küchenfußboden breit tritt. Es soll Familien geben, in denen über so etwas ein Streit entbrennt. Mit etwas mehr Lässigkeit kommen alle besser zurecht.

Kinder in Aktion sind keine Aushängeschilder, keine Modepüppchen, sondern Handwerker. Sie müssen üben, selbst zu

essen und zu trinken, auch wenn dabei noch zwei Drittel danebengehen. Sie müssen ihre Nase und ihre Finger in jeden Dreck
stecken, müssen alles anfassen, untersuchen, auseinander nehmen. Dazu brauchen sie Arbeitskleidung, und die kann nicht
immer sauber sein. Gibt es etwas Schöneres als ein glückstrah-
lendes kleines Ferkel?

Iss, mein Kind, damit du groß wirst

Bestimmt wissen Sie nicht mehr, wie das Pulverzeug hieß, das
Sie, als Sie mit dem Zufüttern begannen, Ihrem Baby ins
Fläschchen gerührt haben. Und wann Sie was benutzt haben,
auch nicht. Das macht gar nichts. Heute heißen die Produkte
ohnehin wieder anders. Ein Kind ist nicht wie das andere, und
in manchem sind Kinderärzte heute anderer Meinung als zu
Ihrer Zeit.

In die Ernährung des Babys mischen Sie sich am besten
überhaupt nicht ein. Wenn die jungen Leute regelmäßig zur
Säuglingsberatung und zu den Vorsorgeuntersuchungen gehen, bekommen sie da Anregungen und Hilfe genug, damit das
Baby sich gesund entwickelt. Rühren Sie ins Fläschchen, was
Mutter oder Vater Ihnen in die Hand drückt, geben Sie dem
Kleinen zu essen und zu trinken, was die Eltern zurechtlegen
oder vorschlagen. Sicher gibt es verschiedene Möglichkeiten,
ein Baby gut zu ernähren, aber je kleiner ein Baby ist, desto
wichtiger ist eine gewisse Beständigkeit. Ihre Kinder wissen am
besten, was das Baby verträgt, woran es gewöhnt ist.

Bei einem Zweijährigen brauchen Sie da nicht mehr ängstlich zu sein. Der kann ruhig alles kosten, was Sie auch essen. Es
müssen ja nicht besonders fette und schwere Sachen sein, also
nicht gerade weiße Bohnen, Speckstücke oder Schlagsahne pur
in größeren Mengen. Es bekommt dem Enkelkind gut, mal

Dinge zu probieren, die es zu Hause nicht bekommt. Je vielseitiger, desto besser.

Manches wird es mögen, manches aber auch nicht. Kleine Kinder, die man nicht zwingt, bestimmte Speisen oder auch bestimmte Mengen zu essen, spüren recht genau, was sie brauchen und was ihnen bekommt. Auch wenn sie bei einzelnen Mahlzeiten sehr einseitig essen – mal nur eine Möhre oder Wurst, mal wochenlang kein Fleisch –, über einen längeren Zeitraum gleicht sich das meist aus und entspricht recht genau dem, was ihr Körper braucht.

Erwachsene, die sich verzweifelt bemühen, ihrem Kind Mahlzeit für Mahlzeit eine ausgewogene Ernährung in genauer Menge zu sichern, verderben sich und dem Kind leicht den Spaß am Essen. Sie untergraben seine natürliche Fähigkeit, selbst zu merken, was es braucht. Denn eines Tages wird das Kind sich einbilden, es esse den Erwachsenen zuliebe, und bestimmte Dinge einfach nicht zu essen sei eine prima Methode, die Eltern zu ärgern.

Einige Regeln lassen sich dennoch aufstellen für eine Ernährung, die Kindern gut tut: Sparen Sie mit Salz. Andere Gewürze, zum Beispiel Curry, Paprika, Kräuter können Sie ruhig wie gewohnt verwenden.

Kaufen Sie möglichst wenig industriell bearbeitete Lebensmittel. Also lieber frische Möhren statt Büchsen oder Gläschen, lieber selbst gekochte Kartoffeln statt Brei aus der Tüte.

Kaufen Sie möglichst Obst und Gemüse der Saison, das in der näheren Umgebung gewachsen ist. Sie vermeiden damit lange Lagerzeiten, die die Vitamine zerstören, und unnütze Konservierungsmittel.

Kochen, besser dünsten Sie Gemüse so kurz wie möglich, damit viele Vitamine erhalten bleiben. Gemüse darf ruhig noch ein bisschen »Biss« haben. Das meiste Obst und manches Gemüse kann man am besten gleich roh essen.

Obst und Gemüse aus biologischem Anbau enthalten keine Rückstände von Dünge- und Schädlingsbekämpfungsmitteln. Anderes sollte man gründlich waschen und schälen.

Eier von Hühnern, die artgerecht gehalten werden, also aus Boden- oder Freilandhaltung, sind nicht so häufig mit Salmonellen verseucht.

Sparen Sie mit Zucker. Kinder mögen es zwar süß, aber wie süß, das ist eine Sache der Gewohnheit.

Limonaden enthalten sehr viel Zucker. Es ist kein Wunder, wenn ein kleines Kind, das ein Glas Limo getrunken hat, erst mal eine Weile satt ist. Eine ausreichende Ernährung ist das aber nicht. Außerdem schadet der Zucker den Zähnen.

Ein Kapitel für sich sind die Süßigkeiten. Für viele Großeltern war das in ihrer Kindheit wahrscheinlich Mangelware. Sie hätten ja so gerne Schokolade gegessen, aber sie kriegten keine. Den eigenen Kindern haben sie als Ausgleich von diesen Köstlichkeiten wahrscheinlich reichlich zukommen lassen. Inzwischen konnte man sich das ja leisten.

Aber unsere Kinder sehen das bei ihren eigenen Kindern heute vielfach anders. Zu viel haben sie gehört über Zucker und Karies, über gesundheitsschädliche Farbstoffe und Schäden durch unausgewogene Ernährung. Also bestehen sie auf Knapphalten. Aber Opa denkt an die eigene Kindheit und möchte doch so gern ...

Kinder, die zu Hause mit Süßem sehr knapp gehalten werden, können sich, wo es solche Grenzen nicht gibt, manchmal kaum halten. Da sie so selten Gelegenheit dazu haben, (fr)essen sie ohne Bremse. Ursache der Maßlosigkeit ist dann in erster Linie nicht die Nachsicht der Großeltern, sondern die zu große Strenge der Eltern. Sie kennen doch sicher den Spruch »Was verboten ist, das macht uns gerade scharf!«.

Ob man nicht einen vernünftigen Mittelweg finden kann? Reden Sie mit den jungen Eltern über Ihre Meinung zu diesem

Thema. Lassen Sie sich deren Gründe noch mal genau erklären. Suchen Sie nach einer Übereinkunft, mit der alle leben können.

Uns Älteren erscheint die Angst der jungen Leute vor versteckten Gefahren in Lebensmitteln oft übertrieben. Nun gibt es so viele leckere Sachen, da soll es auf einmal schädlich sein, sie zu essen?

Aber es ist eine Tatsache, dass zum Beispiel immer mehr Kinder auf bestimmte Stoffe, auch auf Nahrungsmittel oder Zusatzstoffe, allergisch reagieren. Und dann ist es wirklich notwendig, sich genau an das zu halten, was die Eltern an Speisen verbieten. Sie wollen bestimmt nicht dafür verantwortlich sein, dass Ihr Enkelkind plötzlich nach Luft ringen muss, dass ihm die Augen zuschwellen oder dass es überall juckende Pickel bekommt.

Von der Menge an Nahrung, die ein Kind braucht, haben Große und Kleine oft recht unterschiedliche Vorstellungen. Und die Kleinen wissen es oft besser!

Viele Eltern haben Angst, ihr Kind kriege nicht genug, und Großeltern sind da oft noch ängstlicher. Dabei sind die kleinen Dürren den Kinderärzten eher eine Freude, solange sie nur munter und quirlig sind. Die kleinen Dicken dagegen sind ein immer größeres Problem. Aus kleinen Dicken werden oft große Dicke, mit all den bekannten gesundheitlichen Folgen.

Geraten Sie also nicht in Panik, wenn das Enkelchen, das Sie hüten sollen, den ganzen Tag kaum etwas isst. Es holt das schon nach, wenn der Magen richtig knurrt. Kein gesundes Kind verhungert, wenn man ihm nicht ständig mit irgendwelchen Häppchen nachrennt.

Sicher, Sie möchten es besonders gut machen. Aber Ihrer Enkelin gefällt es bei Ihnen bestimmt besser, wenn Sie viel Spaß zusammen haben, statt ständig über das Essen zu streiten.

Lieber Spaß beim Essen als gute Manieren

Essen Ihre Enkelkinder gern bei Ihnen? Oder ärgern Sie sich oft über das Gemansche und Geklecker? Wahrscheinlich sind Sie nicht mehr darauf eingerichtet, dass Gläser umgekippt und Kartoffeln breit getreten werden. Und Flecken auf dem Teppichboden mögen Sie sicher auch nicht so gern. Ob Sie mit dem Kind, den Kindern nicht statt im Zimmer wieder in der Küche essen können? Ob sich Teppichboden oder Tischtuch vielleicht mit Plastik zudecken lassen? Das ist sicher nicht so schön, spart aber viel Ärger.

Kinder können einfach nicht anders, als hin und wieder ihr Glas umzuwerfen. Sie reden mit den Händen und können ihre Bewegungen noch nicht so gut kontrollieren. Geht der Blick nach rechts, schon ist links ein Malheur passiert – ach du liebe Güte!

Auch Löffel oder Gabel treffen noch nicht so sicher ihr Ziel, vieles muss einfach danebengehen. Und wenn man nebenbei nur mal probieren möchte, ob eine Nudel schwimmen kann ...

Wir Erwachsenen haben es leicht, gesittet zu essen. Wir kommen auf solche Ideen gar nicht mehr.

Jedenfalls macht Essen viel mehr Spaß, wenn man nicht ständig Angst haben muss, ausgeschimpft zu werden – weil man mit den Fingern isst, den Tisch bekleckert oder den Kopf in die Hand stützt.

Kleine Kinder können auch nicht still am Tisch sitzen, bis alle aufgegessen haben. Sie haben einfach Hummeln im Popo. Sobald sie nicht mehr essen mögen, wollen sie aufstehen und spielen.

Den etwas Größeren, die bald in die Schule kommen, fällt das Sitzenbleiben vielleicht leichter, wenn Opa oder Oma eine Geschichte vorliest, bis sie aufgegessen haben.

Sie müssen nicht befürchten, dass Ihr Enkelkind eines Tages nicht weiß, wie man Messer und Gabel benutzt, weil man ihm als Kind erlaubt hat, mit den Fingern zu essen. Wenn Ihnen an guten Tischmanieren liegt, machen Sie sie ruhig und geduldig vor, dann übernimmt sie das Kind eines Tages von selbst – jedenfalls da, wo es wichtig ist. Gerade kleine Kinder ahmen doch gern nach, was sie Große tun sehen, aber nur, wenn sie es nicht müssen!

Schlafen muss man nicht, schlafen darf man

Jede Generation schlägt sich offenbar damit herum, dass die Kinder nicht so viel und nicht so regelmäßig schlafen, wie die Eltern das gern möchten.

Aber es lassen sich keine festen Regeln dafür aufstellen, wie lange ein Kind in einem bestimmten Alter schlafen muss. Es gibt seit je Kurzschläfer und Langschläfer, Kinder, bei denen das Schläfchen zwischendurch Stunden dauert, und andere, die nach einigen Minuten wieder fit sind. Kinder, die bis zum Alter von fünf Jahren mittags eine Ruhepause brauchen, andere, die mit zwei Jahren zum Mittagsschlaf nicht mehr zu kriegen sind.

Die Erfahrungen mit Ihren eigenen Kindern helfen Ihnen deshalb wenig, wenn Sie beurteilen wollen, ob Ihr Enkelkind genug schläft. Solange ein Kind in seinen Wachzeiten ausgeglichen, unternehmungslustig, aktiv ist, schläft es offenbar genug.

Eltern versuchen mit den unterschiedlichsten Methoden, Kinder zum Schlafen zu bringen. Die einen schwören auf feste Zeiten mit Ausziehen und Ins-Bett-Legen, die anderen warten ab, bis das Kind quengelig wird, wiegen es dann im Arm, bis es einschläft. Jede dieser Methoden hat Vor- und Nachteile. Wo es gelingt, sind feste Zeiten für alle erleichternd und erholsam.

Manche Kinder stellen sich leicht auf einen solchen Rhythmus ein und werden dann zur gewohnten Zeit prompt schläfrig. Bei anderen ist das Ins-Bett-Legen häufig der Auftakt zu einem längeren, zermürbenden Theater, weil sie gerade dann, wenn sie sollen, nicht wollen.

Das Schlafen ganz nach aktuellem Bedarf erspart diesen »Terror«, dafür bietet es gestressten Eltern kaum mal verlässliche Zeiten zum Verschnaufen oder für dringende Erledigungen.

Ich denke, junge Eltern müssen selbst ausprobieren, wie sie am besten zurechtkommen. Zeiten, in denen das Nicht-schlafen-Wollen der Kinder den Eltern an den Nerven zerrt, wird es bei jeder Methode geben. Selbst ein Kind, das über längere Zeit gut und problemlos geschlafen hat, wird irgendwann Zeiten haben, in denen es damit Probleme hat. Das kann sein, weil es krank ist, weil es eine Trennung von den Eltern, ein schockierendes Erlebnis verarbeiten muss oder weil es in einer bestimmten Entwicklungsphase auf einmal nachts Angst hat.

Was die Eltern in solchen kritischen Zeiten am wenigsten gebrauchen können, sind Großeltern, die ihnen erklären, dass sie das ja auch ganz falsch machen.

Aber diejenigen, die über lange Zeit gar nicht klarkommen, sind einem vorsichtig formulierten Rat, der anteilnehmend, aber nicht besserwisserisch daherkommt, vielleicht doch aufgeschlossen.

Oft gewöhnen Eltern dem Kind in ihrem Bemühen, ihm das Einschlafen zu erleichtern, Dinge an, die auf Dauer schwer durchzuhalten sind. Da schläft ein Kind grundsätzlich nur mit der Flasche im Mund ein und verlangt das auch noch mehrmals in der Nacht. Ein anderes will zum Einschlafen hin und her getragen werden, schläft nur ein, wenn Papa am Bett Händchen hält oder Mama sich dazulegt. Wenn Eltern in diesen Teufelskreis erst hineingeraten sind, kommen sie nur schwer wieder

144

heraus, weil die Umgewöhnung einiges Stehvermögen verlangt. Das aber bringen sie nicht auf, weil sie durch das allabendliche, allnächtliche Theater schon so erschöpft sind.

Oft wird dann gefragt, ab wann ein Kind denn durchschlafen müsse oder könne. Aber kein Mensch schläft von abends bis morgens gleich tief und fest durch, auch ein Kind nicht. Phasen traumlosen Tiefschlafes wechseln sich ab mit Phasen flacheren, von Träumen begleiteten Schlafs. Und zwischendurch tauchen wir immer mal wieder auf bis hin zum Wachwerden. Wir Erwachsenen gucken dann auf die Uhr, horchen kurz auf den Wind oder auf das Atmen neben uns, dann drehen wir uns um und schlafen weiter. Morgens wissen wir das kaum noch, weil es so gewohnt und belanglos ist. Manchen fallen an diesen Stellen aber auch die Sorgen der nächsten Tage ein, und dann können sie nicht wieder einschlafen.

Auch ein kleines Kind wacht mehrmals in der Nacht kurz auf. Ob es dann ruft und schreit oder einfach allein wieder einschläft, hängt davon ab, was es gewöhnt ist. Wenn es nicht ohne Flasche einschlafen kann, ruft es eben nach seiner Flasche, wenn es Mamas Brust oder Papas Arm dazu braucht, ruft es eben danach. Und erst wenn aus seiner Sicht alles wieder seine Ordnung hat, schläft es wieder ein.

Die Hilfe für Eltern, die das nicht mehr aushalten können, besteht darin, dass sie ihr Kind daran gewöhnen müssen, auch ohne Fläschchen, ohne Umhertragen wieder in den Schlaf zu finden. Das kann nicht im Hauruck-Verfahren von einem Tag auf den anderen geschehen, sondern langsam und stufenweise. Das Kind braucht dabei auch liebevollen Trost, denn meistens kann es die Gründe dafür, dass das, was vorher »in Ordnung« war, jetzt auf einmal nicht mehr so ist, nicht verstehen.

Da solche Schlafprobleme in sehr vielen Familien vorkommen, sind ganze Bücher dazu geschrieben worden. Eines davon finden Sie im Literaturverzeichnis auf S. 238.

145

Wenn das Enkelkind bei Ihnen schlafen soll, halten Sie sich am besten an die zu Hause eingeführten und bewährten Gewohnheiten. Hat sich noch nichts bewährt, können Sie ja verabreden, es mal anders zu probieren.

Es kann sein, dass das Kind bei Ihnen überhaupt nicht schlafen will, weil nicht alles so ist wie gewohnt. Es kann auch sein, dass es bei Ihnen schnell und problemlos einschläft, während es bei der Mutter regelmäßig Terror macht. Das liegt nicht nur daran, dass eine von Ihnen pädagogisch geschickter ist als die andere.

Wenn Sie bei den jungen Eltern Babysitterdienste versehen sollen, lassen Sie sich am besten ganz genau erklären, wie das mit dem Ins-Bett-Bringen und Einschlafen vor sich zu gehen hat. Denn Kinder haben oft sehr genaue Vorstellungen davon, wie das alles ablaufen muss, damit sie ruhig einschlafen können. Erst Waschen und dann Zähneputzen oder umgekehrt? Selbst ins Bett klettern oder hineingelegt werden? Schlaflied? Gutenachtgeschichte? Welcher Teddy, welches Schmusekissen oder Schnuffeltuch muss unbedingt an bestimmter Stelle greifbar sein? Streicheln übers Haar, Kuss auf die Nase, »Gute Nacht, lieber Robby« oder doch ganz anders?

Glauben Sie nicht, sie könnten sich auf das Wesentliche beschränken und anderes einfach weglassen. Sie werden sehen, was Sie davon haben! Denn für kleine Kinder gibt es diesen Unterschied von wesentlich und unwesentlich noch nicht. Was gestern gut war, um das ruhige Einschlafen zu sichern, muss auch heute so sein – alles! Aber vielleicht wissen Sie das ja auch noch von den eigenen Kindern.

Ganz ohne Beulen geht es nicht

Irgendwann, und wahrscheinlich nicht nur einmal, wird sich eines Ihrer Enkelkinder bei Ihnen eine dicke Beule holen, das Knie aufschlagen oder heftig aus einer Kopfplatzwunde bluten. So etwas bleibt nicht aus, wenn man Kinder um sich hat. Sicher werden Sie versuchen, so viele solcher Unfälle wie nur möglich zu verhindern. Trotzdem müssen Sie darauf vorbereitet sein.

Das fängt damit an, dass Sie gefährliche Gegenstände nicht mehr herumliegen lassen, sobald Ihr Enkelkind Ihre Wohnung durchstromert. Die spitze Schere, das scharfe Küchenmesser, Streichhölzer, Feuerzeug, Zigaretten müssen weit nach oben. Putzmittel müssen unter Verschluss oder außer Reichweite. Ihre Tabletten dürfen nicht mehr einfach auf dem Nachttisch liegen. Alle Medikamente gehören in ein verschließbares Schränkchen.

Dieses Medikamentenschränkchen sollte viel Heftpflaster in verschiedenen Größen, einige Mullbinden, ein Desinfektionsmittel für offene Wunden enthalten. Außerdem ein kühlendes Gel für Insektenstiche. Erkundigen Sie sich außerdem nach der nächsten Beratungsstelle für Vergiftungen bei Kindern, notieren Sie die Telefonnummer im Apothekenschränkchen – sollte sie mal nötig sein, muss es schnell gehen, dann ist keine Zeit zum Suchen.

Auch der Weg zur nächsten Erste-Hilfe-Station sollte Ihnen geläufig sein. Es muss ja nicht gleich was Schlimmes passieren – es reicht eine tief ins Ohr oder in die Nase gestopfte kleine Kugel, und Sie brauchen schnell ärztliche Hilfe.

Es wäre auch nicht schlecht, wenn Sie Ihre Kenntnisse in Erster Hilfe mal wieder auffrischen würden. Das Rote Kreuz und andere Organisationen bieten solche Kurse an.

Vergiften kann sich ein Kind außer mit Putzmitteln oder Medikamenten vor allem mit Pflanzen in Ihrem Garten. Besonders giftig sind unter anderem Goldregen, Fingerhut, Eisenhut, Rizinus, Stechapfel, Efeu, Herbstzeitlose, Oleander, Seidelbast, Besenginster, die Beeren von Liguster und Stechpalme, Maiglöckchen, rohe Bohnen, Herkulesstaude, die Samen der Lupine.

Wenn Sie diese Pflanzen im Garten haben, dürfen Sie die Kinder dort nicht unbeobachtet spielen lassen.

Allerlei Allergien

Manchmal mögen Großeltern den Eindruck haben, dass die Kinder von heute immer empfindlicher werden. Jedenfalls haben sie immer mehr Krankheiten oder entwickeln immer mehr Verhaltensstörungen, von denen Sie in ihren jungen Jahren vielleicht als von exotischen Einzelfällen gehört haben – Asthma und Neurodermitis, Pseudokrupp, Hyperaktivität und eine Fülle von Allergien gegen ganz bestimmte Stoffe.

Oder ob die jungen Eltern überängstlich sind und ihre Vorsichtsmaßnahmen übertreiben?

Jedenfalls kommt es häufig zu Auseinandersetzungen, weil Eltern bestimmte Nahrungsmittel strikt verbieten, Oma oder Opa aber nicht einsehen können, was an ein paar Gummibärchen zum Beispiel, mit denen schon die eigenen Kinder groß geworden sind, so schlimm sein soll.

Tatsächlich leiden immer mehr Menschen, vor allem Kinder und Jugendliche, unter Allergien. Auch so unterschiedliche Erscheinungen wie Asthma und Neurodermitis können allergisch bedingt sein. Bei manchen Formen von Hyperaktivität besteht zumindest der Verdacht, dass bestimmte Schadstoffe, zum Beispiel Blei, dabei eine Rolle spielen. (Mehr über Hyperaktivität lesen Sie auf S. 151 ff.)

Allergisch kann man so ziemlich gegen alles sein. Es gibt inzwischen über 20 000 Stoffe, von denen bekannt ist, dass sie bei manchen Menschen Allergien auslösen.

Bei allergischen Reaktionen greift das eigene Immunsystem in überschießender Form bestimmte Stoffe im Körper an, die eigentlich harmlos sind. Warum tut es das bei manchen Menschen, bei anderen aber nicht?

Vererbung scheint eine gewisse Rolle zu spielen, aber auch Umweltfaktoren. Kinder, die mindestens ein halbes Jahr gestillt worden sind, sind zum Beispiel weniger anfällig.

Warum Allergien immer mehr zunehmen, ist noch ungeklärt. Viele Menschen vermuten, dass es mit unserer immer stärker belasteten Umwelt zusammenhängt. Dabei scheinen Autoabgase, Ozon und Zigarettenrauch eine wesentliche Rolle zu spielen. Aber klare Beweise dafür, dass ein bestimmter Schadstoff eine bestimmte Störung auslöst, lassen sich kaum erbringen. Wahrscheinlicher ist, dass das Zusammenwirken vieler schädigender Einflüsse, zu denen wir auch noch psychische Belastungen wie Stress und Überforderung zählen müssen, den kindlichen Organismus stören und zu überschießenden Reaktionen, wie bei den Allergien, veranlassen. Aber das ist sehr schwer nachzuweisen.

Die neueste Vermutung ist, dass das Immunsystem von Kindern gleichsam unterbeschäftigt ist, weil sie viele klassische Kinderkrankheiten gar nicht mehr durchmachen. Aber welche praktischen Konsequenzen daraus zu ziehen sind, ist wohl noch nicht zu sagen.

Es gibt bis heute keine eindeutig zu empfehlende Behandlungsmethode. Festzustehen scheint nur, dass es meistens keine einzelne, eindeutige Ursache gibt, die mit einem Medikament, einer Diät, einer Psychotherapie allein zu beheben wäre. Eltern betroffener Kinder versuchen dies und jenes, um herauszufinden, was ihrem Kind hilft.

Die Kinderärzte versuchen bei allen Erkrankungen, die allergisch mitbedingt sein könnten, deren Auslöser zu finden und systematisch auszuschalten. Dabei gehen sie gewissermaßen nach Versuch und Irrtum vor. Ändert sich durch das Weglassen nichts, haben sie den falschen Stoff verdächtigt, bessert sich der Zustand, sind sie auf dem richtigen Weg. Deshalb raten sie eben oft auch zu einer bestimmten Diät.

Wenn die Eltern Ihres Enkelkindes also erklären, die Kinderärztin habe eine allergisch mitbedingte Erkrankung festgestellt und halte eine bestimmte Diät für sinnvoll, müssen Sie sich streng an die Vorgaben halten. Mit heimlichen Eigenwilligkeiten bringen Sie alles durcheinander.

Unsinnig ist es allerdings, ein Kind, das bestimmte Dinge meiden muss, aus lauter Vorsicht rundherum in Watte zu packen. Denn auch psychische Faktoren wie innere Ausgeglichenheit, Selbstbewusstsein und Optimismus spielen bei allergisch bedingten Erkrankungen eine Rolle.

Selbstbewusst und optimistisch kann ein Kind nur werden, wenn es einigermaßen unbeschwert Kind unter Kindern sein darf. Dazu gehört, dass es viel mit anderen spielt, tobt, streitet, Dummheiten macht. Nur so kann es einen Platz unter ihnen finden, sich durchzusetzen lernen, Anerkennung finden. Nur so lässt sich vermeiden, dass es zum Außenseiter wird.

Wenn Sie über das, was Ihr Enkelkind plagt, mehr wissen wollen, wenn Sie Zweifel haben, wenn Sie nicht wissen, wie Sie sich verhalten sollen, gehen Sie doch einfach mal mit zur Kinderärztin, zur Beratungsstelle, zur Selbsthilfegruppe. Fragen Sie, äußern Sie Ihre Kritik. Je besser Sie informiert sind, desto besser können Sie Ihrem Enkelkind und seinen Eltern helfen.

Vielleicht werden Sie dadurch auch angeregt, sich dafür einzusetzen, dass die Lebensbedingungen für alle Kinder verbessert werden, die sich mit Allergien plagen müssen.

Hyperaktivität, eine neue Krankheit?

Hyperaktiv – das ist eine neue und sehr eingängige Bezeichnung für etwas, was vielen Eltern, Lehrern, Großeltern zu schaffen macht.

Sicher haben auch Sie manchmal den Eindruck, Ihr Enkelkind sei hyperaktiv, wenn es gerade Ihre Wohnung in ein Schlachtfeld verwandelt und Sie an den Rand eines Nervenzusammenbruches gebracht hat. Die ganze Zeit auf Achse, keine Minute zum Stillsitzen zu kriegen, kreischend vor Begeisterung – anstrengend ist das, aber unnormal oder krankhaft noch lange nicht.

Vom Temperament her können Kinder schon anlagebedingt recht unterschiedlich sein. Vielleicht war Ihr eigener Sohn oder Ihre Tochter als Kind eher ruhig und beschaulich und Sie halten das für die Regel. Trotzdem kann er oder sie jetzt mit einem wahren Temperamentsbündel gesegnet sein. Anlass zur Sorge ist eher, wenn ein Kind zu ruhig ist, zu wenig unternimmt, um seine Umwelt kennen zu lernen und zu erobern.

Kinder müssen sich viel bewegen, neugierig und begeisterungsfähig sein, um klug werden zu können. (Lesen Sie dazu auch S. 74 f.) Ihre Begeisterung drücken sie nicht, wie wir, nur mit einem strahlenden Lächeln aus, sondern mit dem ganzen Körper – sie hüpfen, rudern mit den Armen und kreischen, was das Zeug hält. Ein Kind, das sich so verhält, ist erfreulich gesund.

Erst im Kindergartenalter oder gar Schulalter fällt vielfach auf, dass eine gewisse Anzahl von Kindern – manche Fachleute sagen ein Prozent, manche fünf Prozent – sich in dieser Hinsicht noch immer wie viel jüngere verhalten.

Diese Kinder können sich auf nichts konzentrieren, fangen Tausenderlei an, bringen aber nichts zu Ende. Sie werden von einer extremen Unruhe getrieben, machen alles zu heftig und zu laut. Sie handeln immer sofort, ohne Überlegung, ohne Einschätzung des Risikos. Sie sind sehr ungeschickt, machen viel kaputt, fallen ständig hin oder haben andere Unfälle. Sie sind nicht in der Lage, sich auf andere einzustellen, halten sich überhaupt nicht an Regeln. Will man sie beeinflussen, werden sie leicht jähzornig. Sie sind eine ständige Gefahr für sich und andere. In der Kindergruppe sind sie kaum zu ertragen, wenn sich nicht jemand ganz gezielt und mit Sachverstand ihrer annimmt.

Diese Kinder sind nicht weniger intelligent als andere, aber sie zeigen in allen körperlichen und geistigen Fähigkeiten einen Rückstand von etwa ein bis zwei Jahren.

Wenn Ihr Enkelkind im Kindergarten- oder Schulalter ständig das eben beschriebene Verhalten an den Tag legt, liegt der Verdacht nahe, es könnte hyperaktiv sein. Fachleute nennen das auch Hyperkinetisches Syndrom (HKS), Aufmerksamkeits-Defizit-Störung (ADS), manchmal auch noch Minimale Cerebrale Dysfunktion (MCD), wobei dieser Begriff ungeeignet ist.

Über die Ursachen ist man noch uneins. Es muss wohl auch davon ausgegangen werden, dass sie sehr unterschiedlich sein können, dass gewöhnlich mehrere Belastungen zusammenkommen. Umweltgifte, z.B. Blei, stehen in Verdacht, aggressiv und hyperaktiv zu machen. Auch Zusatzstoffe in Nahrungsmitteln oder die Nahrungsmittel selbst, auf die einige Kinder allergisch reagieren. Deshalb erhoffen sich manche Ärzte und Eltern Abhilfe durch eine Diät. Man probiert dann aus, ob sich der Zustand des Kindes durch das Weglassen bestimmter Stoffe bessert.

Einer anderen Hypothese nach handelt es sich um eine Entwicklungsverzögerung im Gehirn, um einen Mangel an einem bestimmten Botenstoff, einem so genannten Neurotransmitter. Ärzte, die das annehmen, verordnen meistens das Medikament Ritalin. Es ist kein Beruhigungsmittel. Es soll den Kindern zu mehr Selbstkontrolle verhelfen. Andere lehnen Medikamente strikt ab, da sie ihrer Meinung nach auf unvertretbare Weise in die kindliche Psyche eingreifen, und warnen vor Suchtgefahr. Die Befürworter von Ritalin sind überzeugt davon, dass es im Kindesalter nicht süchtig macht.

Allgemein wird die Diagnose Hyperaktivität oder Hyperkinetisches Syndrom zu häufig und zu leichtfertig gestellt, zu schnell ein Medikament verordnet. Hyperaktivität ist zu einer Modediagnose geworden, mit der man recht unterschiedlichen Verhaltensproblemen einen bestimmten Stempel aufdrückt und damit eine Eindeutigkeit vortäuscht, die es nicht gibt. Das legt den Trugschluss nahe: Was einen bestimmten Namen bekommt, ist klar definiert und durch ein Mittel, eine Pille, eine Diät heilbar. So einfach ist das aber nicht!

Eltern, die ein extrem unruhiges und unkonzentriertes Kind haben, sollten besser mehrere Fachleute befragen und sich genau informieren, bevor sie eine Entscheidung zur Behandlung treffen. Es gibt auch gute für Laien verständliche Literatur (siehe Eichlseder und Voss/Wirtz im Literaturverzeichnis).

Die betroffenen Kinder sind selbst keineswegs glücklich mit ihrem Verhalten. Sie möchten sich wie erwartet verhalten, können es aber nicht. Deshalb ist es ungerecht, die Kinder für ihre »Ungezogenheit« zu bestrafen oder den geplagten Eltern Erziehungsunfähigkeit vorzuwerfen. Es gibt Trainingsprogramme, mit deren Hilfe Eltern (auch Großeltern) ein ganz bestimmtes Verhalten üben können, das ihrem Kind und ihnen selbst hilft. Es gibt Selbsthilfegruppen betroffener Eltern. Erkundigen Sie sich zum Beispiel beim Kinder- und Jugend-Gesundheitsdienst Ihres Wohnortes danach.

Möglichst ohne Medikamente

Die meisten von uns greifen zu schnell und zu gutgläubig zu Medikamenten. Wer krank ist, meint, er müsse etwas einnehmen, um wieder gesund zu werden. Und wenn er wieder gesund ist, empfiehlt er das Mittel gern auch an andere weiter. »Nimm das mal, das ist gut – hat mir der Arzt verschrieben.« Aber Medikamente nutzen nicht nur, bei anderen Menschen können sie, in unangepasster Dosierung und Kombination, schlimme Wirkungen haben.

Kinder reagieren noch viel empfindlicher auf solche Wirkstoffe. Geben Sie deshalb Ihrem Enkelkind kein Medikament, das nicht ausdrücklich vom Kinderarzt verordnet und mit den Eltern abgesprochen ist. Schon ein sonst harmloses und frei verkäufliches Kopfschmerzmittel (z.B. Paracetamol in Form von Tabletten und Fieberzäpfchen) kann in zu hoher Dosierung lebensgefährlich sein.

Raten Sie auch den Eltern zu Zurückhaltung, falls die Ihrer Meinung nach zu leicht mit allerlei Mittelchen bei der Hand sind. Besonders bedenklich ist es, wenn schon Kindern Beruhigungsmittel gegen Schlafstörungen oder überschäumendes Temperament, Mittel gegen Angst oder Unaufmerksamkeit in der Schule verabreicht werden. Es gibt leider auch Kinderärzte, die solche Mittel empfehlen.

Es ist verhängnisvoll, wenn ein Kind mit der Überzeugung aufwächst, dass man seelische Probleme am besten mit chemischen Mitteln lösen kann. Heute ist es das leichte Beruhigungsmittel, übermorgen vielleicht eine gefährliche Droge.

Ob der Wildfang nicht auch besser schliefe, wenn er sich tagsüber mehr austobte und weniger »action« aus dem Fernseher inhalierte? Ob die Schulangst sich nicht eher dadurch dämpfen ließe, wenn um schlechte Zensuren weniger Theater gemacht würde?

Ruhige Gespräche mit Oma und Opa und ein vertrauliches Wort an die Eltern können therapeutisch sehr wirksam sein und sind jedenfalls frei von gefährlichen Nebenwirkungen.

Muss das Kind ins Krankenhaus?

Ins Krankenhaus zu müssen ist für ein Kind im Schulalter immer ein schockierendes Ereignis, wenn es sich dafür von der ganzen Familie trennen muss. Denn besonders, wenn es ihm schlecht geht, braucht ein Kind viel Zuwendung und Geborgenheit. Wie soll es begreifen, dass es ausgerechnet, wenn es krank ist und die Eltern so besonders nötig hat, bei wildfremden Menschen allein gelassen wird?

Man versucht deshalb, notwendige Eingriffe bei Kindern, soweit es irgend geht, ambulant durchzuführen. Dass zu Hause nicht alles so perfekt und hygienisch ist, ist weniger tragisch als der Mangel an Vertrautheit und Geborgenheit, den das Kind im Krankenhaus empfindet. Wenn es beides in ausreichendem Maße bekommt, wird es schneller gesund.

Manchmal ist ein Krankenhausaufenthalt jedoch nicht vermeidbar. Um den Aufenthalt für die Kinder leichter erträglich zu machen, ist es in den letzten Jahren immer üblicher geworden, ein kleines Kind mit einem nahen Familienangehörigen gemeinsam aufzunehmen. Immer mehr Kinderkrankenhäuser öffnen sich diesem Ansinnen. Kaum noch eines lehnt dieses »rooming in« vollkommen ab. Einige freilich machen es den Angehörigen nicht gerade leicht. Bei Ärzten und Pflegepersonal ist dazu einiges Umdenken nötig. Sie müssen sich möglicher Kontrolle öffnen, müssen mehr erklären und anleiten. Auf der anderen Seite werden sie erfahren, dass Kinder, die Angehörige bei sich haben, ruhiger und optimistischer sind und dass das Pflegepersonal von vielen Alltagsverrichtungen wie füttern, baden, windeln entlastet wird. Jedenfalls habe ich noch von keiner Klinik gehört, die das »rooming in« wegen schlechter Erfahrungen wieder abgeschafft hätte.

Die Bedingungen für die mit aufgenommenen Erwachsenen sind freilich selten rosig. Oft kann der Erwachsene kein eigenes Bett bekommen, eine Klappliege muss reichen.

Wenn Vater und Mutter berufstätig sind, wenn zu Hause noch Geschwister zu versorgen sind, haben Eltern es manchmal schwer, das kranke Kind zu begleiten, ja auch nur die notwendigen Erkundigungen einzuziehen. Falls Oma oder Opa nicht mehr im Beruf stehen, können sie das vielleicht übernehmen: verschiedene Kinderkrankenhäuser oder Kinderstationen anrufen und nach den Bedingungen für die Mitaufnahme fragen. Sich bei Bekannten umhören und nach einschlägigen Erfahrungen fragen. Falls Oma mit dem Kind eng genug vertraut ist, kann auch sie sich mit aufnehmen lassen oder wenigstens die Eltern mal ablösen. Und die übrigen Kinder werden von einer Oma im Zimmer profitieren. Denn vorlesen oder Kasperletheater spielen kann man doch für mehrere Kinder gleichzeitig.

Sollte eine Mitaufnahme trotzdem nicht möglich sein, besuchen Sie Ihr Enkelkind bitte so oft und so lange wie möglich. Übernehmen Sie Alltägliches wie füttern, an- und ausziehen, auf den Topf setzen oder Windeln wechseln. Je kleiner ein Kind ist, desto mehr braucht es das Gewohnte, desto weniger kann es die Zeiten des Alleinseins verkraften. In fast allen Kinderkliniken gelten inzwischen Besuchszeiten den ganzen Tag lang, von einer Ruhepause über Mittag vielleicht abgesehen. Bestehen Sie darauf, Ihr Enkelkind jederzeit sehen zu dürfen, weil es Sie wirklich braucht!

An manchen Stellen fordert die Anwesenheit der Enkelkinder eine kritische Inventur lieb gewordener Gewohnheiten.

Ältere Leute, die nicht mehr im Beruf stehen, sitzen oft länger vor dem Fernseher als Berufstätige mit Kindern. Da ist diese interessante Serie am Nachmittag, von der man keine Folge versäumen möchte, die Talkshow am Vormittag, die *Sportschau* muss sein ...

Und dann schneien mitten in die *Sportschau* zwei Enkelkinder, weil ihre Mutter zum Arzt muss. Eigentlich könnten die sich ja auch schon für Fußball oder Tennis interessieren.

Aber ist es nicht schade, dass die beiden in einem Zimmer auf einem Sofa hocken, anstatt irgendwo draußen herumzulaufen, zu klettern, selbst Fußball oder Tennis zu spielen?

Fernsehen ist nicht grundsätzlich schädlich für Kinder. Manche Sendungen sind ausgesprochen lehrreich, andere machen einfach Spaß. Und wir Großen wollen ja auch nicht immer nur lernen.

Aber viele schlecht gemachte Kindersendungen, besonders bei den Privatsendern, sind für Kinder ganz ungeeignet.

Jüngere Kinder, also Kinder unter sechs Jahren, haben oft große Schwierigkeiten, einer längeren Handlung überhaupt zu folgen, schon gar, wenn, wie in Sendungen für Erwachsene, mit Szenenwechseln und Rückblicken gearbeitet wird. Das rollt ihnen bald alles bunt durcheinander. Kinder brauchen kurze, klar und einfach erzählte Geschichten. Und das Ganze muss viel langsamer dargeboten werden als für uns. Sehen Sie sich mal mit Ihren Enkeln das *Sandmännchen* an – das ist so, wie Kinder es brauchen. Und dann schauen Sie sich mal so einen schrillen, kreischenden, in einem Irrsinnstempo abgespulten Comic voller Häme und Gemeinheiten an – nichts für Kinder. Weder der Form noch dem Inhalt nach. Ganz zu schweigen von den vielen Vorabendserien voller Action und Gewalt. Was sollen sie denn daraus lernen über die Art, wie Menschen miteinander umgehen?

Suchen Sie deshalb vorher mit den Enkeln aus, was sie sich ansehen wollen und auch dürfen und was nicht. Setzen Sie eine Zeitgrenze fest – mehr ist nicht drin.

Wenn Sie unsicher sind, was Sie an Sendungen empfehlen können: Elternzeitschriften (zum Beispiel *spielen und lernen*) geben kritische Ratschläge zu Sendungen für Kinder.

Abschied von der Glotze?

Wichtiger noch als die Kritik an dem, was Kinder alles sehen, ist die Frage, was sie alles versäumen, während sie stundenlang vor der Glotze hocken. Die beste Kindersendung ersetzt nicht das Selbst-Ausprobieren, den wirklichen Umgang mit den Dingen und mit anderen Kindern.

Kinder, die zu lange vor dem Fernseher hocken, spielen nicht mehr selbst, sie sehen anderen Kindern auf der Mattscheibe beim Spielen zu. Sie erleben Abenteuer nicht mehr selbst, sie gucken sie nur noch an. Und werden dabei mit Sensationen überfüttert. Was interessieren sie noch Hühner oder Wildschweine, wenn Monster aus dem All viel aufregender sind? Wozu noch selber Zauberkunststücke ausprobieren, wenn der Superzauberer im Fernsehen das viel besser kann? Sie verlieren dann mit der Zeit das Interesse an der Welt da draußen und wollen am liebsten nur noch fernsehen. Abenteuer finden nur noch auf der Mattscheibe statt. Ist das nicht schade?

Mal ehrlich – ist nicht auch für Sie das Fernsehen eher ein Ersatz, weil Ihnen sonst gerade nichts Rechtes einfällt?

Sind da nicht noch Erinnerungen an Dinge, die Sie früher gern gemacht haben, zu denen Sie sich in den letzten Jahren, aus welchen Gründen auch immer, nicht mehr aufraffen konnten?

Sind Sie früher nicht manchmal angeln gegangen? Gingen Sie nicht gern auf den Rummelplatz, hielten sich aber irgendwann zu alt dafür? Mit Ihren Enkeln haben Sie jetzt ein hervorragendes Alibi.

Haben Sie Hemmungen, sich auf einer Wiese niederzulassen, Ameisen zu beobachten oder einen Kranz aus Löwenzahn zu flechten? Für einen Opa, eine Oma mit Enkelkindern eine legitime Beschäftigung. Und Sie entdecken vielleicht aufs Neue, wie schön und interessant das alles sein kann.

Schimpfen Sie nicht auf die fernsehsüchtigen Kinder, bieten Sie ihnen lieber ein interessantes Kontrastprogramm, dann vergessen sie vielleicht die Glotze.

Werkeln statt Fernsehen

Manche Großeltern lassen die Enkel auch gegen besseres Wissen lange fernsehen, weil sie so sehr darum betteln und sie ihnen so ungern etwas abschlagen. Aber vielleicht wissen die Enkel gar nicht mehr, was sie stattdessen alles tun könnten.

Es muss gar nicht immer, wenn die Enkelkinder kommen, ein spezielles Programm abgespult werden. Die finden es vielleicht spannender, mit Oma die Küche zu streichen, mit Opa zusammen die Garage auszupumpen, die seit dem Gewitterregen unter Wasser steht, oder im Garten zu wühlen, Kompost durchzusieben oder den Apfelbaum zu beschneiden. Ob sich ein Eckchen im Garten findet, wo sie selber Rettich oder Vergissmeinnicht säen dürfen?

Das Interesse am Selbermachen muss vielleicht erst wieder geweckt werden, weil Selbermachen natürlich aufwendiger ist als Zugucken, weil das Ergebnis auch nicht immer so perfekt ist, wie man das auf bunten Bildern sieht. Aber wenn zum ersten Mal kleine Vögel in dem selbst gebauten Nistkasten auf dem Balkon ausschlüpfen, hat sich der Aufwand gelohnt, ist vielleicht als Nächstes ein Futterhäuschen für den Winter dran.

Vielleicht haben Sie auch mehr Geduld als der Vater oder die Mutter Ihrer Enkelin, mit ihr gemeinsam das Fahrrad zu reparieren oder den Stecker vom Walkman anzulöten. Oder Sie zeigen Ihrem Enkel, wie man Kartoffelpuffer backt oder Hemden bügelt.

Das tun, was auch die Großen tun, mitmachen dürfen und sich ernst genommen fühlen, das ist für Kinder eine wichtige Erfahrung. Allerdings sollten sie nicht nur zu Handlangerdiensten herangezogen werden, nicht nur Werkzeug heranholen oder das Brett festhalten. Sie können mehr, als man denkt, wenn man es ihnen nur zutraut.

Was kleine Kinder spielen

Vielleicht wissen Sie nach all den Jahren gar nicht mehr, wie man mit kleinen Kindern spielt. Keine Angst, das bringt Ihnen Ihr Enkelkind schon wieder bei. Sie brauchen nicht mit einer Mütze voller Ideen anzurücken. Gucken Sie der (oder dem) Kleinen einfach zu. Was tut sie? Was gefällt ihr? Worüber lacht sie? Das machen Sie einfach mit. Wiederholen Sie es bereitwillig immer noch einmal, solange es Spaß macht, auch wenn Sie eigentlich schon genug haben. Guckguck machen, schäkern, Grimassen schneiden, verstecken und wieder finden und vieles mehr. Wenn das Kind laufen kann, lassen Sie sich an der Hand nehmen, zotteln Sie mit. Und fragen Sie sich nicht, was andere Leute von Ihnen denken, wenn Sie singen oder grunzen oder mit dem Kind gemeinsam über einen langen, langweiligen Büroflur hüpfen.

Bald werden Sie gemeinsame Lieblingsspiele haben, die das Kind wieder aufnimmt, wenn Sie sich das nächste Mal sehen. Sie werden staunen, wie genau es noch weiß, was Sie das letzte Mal gemacht haben. Wenn Ihnen immer das Gleiche zu langweilig wird, können Sie sich ja ein paar Variationen ausdenken. Wundern Sie sich aber nicht, wenn Ihr Enkelkind darauf besteht, dass alles wieder genau so gemacht wird wie das letzte Mal – kleine Kinder sind da manchmal sehr konservativ!

Auf den Flügeln der Phantasie

Der dreijährige Max erscheint bei Oma in der Küche. »Oma, ich brauche einen Hammer. Ich muss was reparieren.« Oma wittert Gefahr für ihre Wohnzimmermöbel. »Aber Junge, du kannst doch nicht mit einem Hammer ...« Aber Opa sieht das anders. Mit Selbstverständlichkeit zieht er eine Schublade auf und drückt dem Jungen einen hölzernen Kochlöffel in die Hand. »Hier hast du einen Hammer.« Max zieht zufrieden ab und »repariert« damit den umgekippten Wohnzimmerstuhl, den er zu seinem Auto erklärt hat.

Max hat also bei den Großeltern ein Auto und passendes Werkzeug, ohne dass die sich dafür in Unkosten stürzen müssen. Max entbehrt dabei nichts, im Gegenteil. Die Flügel seiner Phantasie erlahmen, wenn alles immer gleich perfekt angeschafft wird.

Erwachsene müssen diese Sicht der Dinge vielleicht erst wieder lernen – oder aus fast verschütteten Kindheitserfahrungen wieder hochholen. Mit einem kleinen Auto quer durchs Zimmer von Berlin nach Indien fahren, auf einer Karton-Fähre den Teppich-Ozean überqueren, Koffer ein- und ausladen, Mitbringsel auspacken, die keiner sehen kann –, vergessen Sie Ihren Hang zur Perfektion. Ihr Enkelchen wird begeistert sein, wenn Sie mitmachen. Übernehmen Sie aber nicht gleich die Regie. Drängen Sie dem oder der Kleinen nicht Ihre Ideen auf. Sie können Anregungen geben, aber nicht alles selbst bestimmen, sonst spielen Sie bald allein, und ihr Enkelkind guckt Ihnen nur noch zu.

Kinder, vor allem kleine, spielen oft zweckfrei – einfach aus der Freude am Tun. Ob dabei irgendetwas entsteht oder erreicht wird, ist ihnen unwichtig. Erwachsene dagegen sind viel mehr darauf fixiert, dass jede Handlung ein Ziel haben muss. Sie haben das »naive« Spielen um des Spielens willen längst verlernt.

Das fällt besonders auf, wenn sie einem kleinen Kind etwas zum Malen oder Formen in die Hand geben. Dem Kind ist dann der Umgang mit dem Material, das Ausprobieren die Hauptsache. Es krakelt und kritzelt mit den Stiften auf Papier, es zieht und dreht und klopft mit der Knete, es mancht und matscht mit Begeisterung, ohne Ziel. Aber wir Erwachsenen fragen gleich, was das Gemalte oder Geknetete darstellen soll – und wenn das Kind sich im Moment gerade für einen Frosch entscheidet, dann möchten wir das Gebilde so umgestalten, dass es auch wirklich wie ein Frosch aussieht – guck mal, der muss doch noch Augen haben und Beine ... Wenig später hätte das Gebilde auch eine Gießkanne oder ein Apfel sein können, aber die Chance hat es nun nicht mehr. Wir haben den Flug der Phantasie aufgehalten.

Ich betrachte deshalb all die gut gemeinten Bastelvorschläge für Eltern und Großeltern mit gemischten Gefühlen. Ebenso all die hübschen Deckchen, Vögelchen, Männchen, die in Kindergärten produziert werden. Sie erfreuen die Eltern und Großeltern, heben das Ansehen der Erzieherinnen. Aber die Kreativität und Experimentierlust der Kinder behindern sie eher.

Stellen Sie deshalb Ihrem Enkelkind viel ungeformtes, zur Gestaltung anregendes Material zur Verfügung, und überlassen Sie es erst mal ihm, was es damit anfangen will.

In einer nicht allzu aufgeräumten Wohnung finden sich immer Dinge, die man zu Spielzwecken umfunktionieren kann – ein Eierkarton, ein paar Kronenkorken, Wäscheklammern, Bindfaden, Decken. Sie können auch in einem Korb oder in der Küchenbank Dinge zurechtlegen, die die Phantasie von Kindern beflügeln. Kleine bunte Dosen, Papier und Stifte, große Knöpfe aus dem Nähkasten, ein paar alte Kleidungsstücke, bunte Tücher, Hüte, eine Handtasche zum Verkleiden. Und wenn Sie sich mal ein neues Gerät in einem großen Karton kaufen – heben sie den bloß für die Enkel auf, was meinen Sie, was man damit alles machen kann.

Probieren Sie einfach aus, was sich zum Spielen gut eignet. Wahrscheinlich gewinnen Sie einen ganz neuen Blick auf Sachen, die Sie sonst wegwerfen, wenn Sie sich fragen, was wohl Ihre Enkelkinder damit noch anfangen könnten.

Wie viel Spielzeug braucht ein Kind?

Oft können es Großeltern kaum erwarten, ihren Enkelkindern all das schöne, bunte, teure Spielzeug zu schenken, das sie sich bei den eigenen Kindern noch nicht leisten konnten.

So sammelt sich schnell allerlei zum Schütteln, Ziehen, Stecken, Stapeln an, mit vielen bunte Teilen aus Holz und aus Plastik. Bald ist das Ganze eine strukturlose Masse, die abends in eine große Kiste geschaufelt und morgens wieder ausgekippt wird. Und dann steht da so ein Anderthalbjähriges inmitten dieser Flut und weiß nichts anderes damit anzufangen, als mit den großen Teilen um sich zu werfen oder die kleinen in den Schlitz des Videorecorders zu stopfen.

Vielleicht sind Sie aber auch nicht so auf Rosen gebettet und ein bisschen traurig darüber, dass Sie Ihrem Enkelkind nicht kaufen können, was Sie gern möchten. Dann mag Ihnen dies ein Trost sein:

Bis ein Kind etwa zwei Jahre alt ist, braucht es eigentlich überhaupt kein Spielzeug. Es spielt mit Kochlöffeln und Schuhlöffeln, mit leeren Schachteln und bunten Wäscheklammern, mit Schlüsseln und Hüten, einfach mit allem, was es in die Finger bekommt. Da gibt es unentwegt Neues zu entdecken.

Ein einzelnes Spielzeug kann eine erfreuliche Anregung sein, eine ganze Kiste voll Spielzeug kaum.

Ein Spielzeug aus mehreren Teilen kann seinen »Aufforderungscharakter«, seinen Reiz, die Teile zusammenzustecken, ineinander zu schieben oder aufeinander zu stapeln, nur entfalten, wenn die Teile dicht beieinander in einer sonst anregungsarmen Umgebung angeboten werden. Wenn also das Hammerbänkchen mit den dazugehörigen Röllchen und dem Hammer mitten auf dem Teppich liegt, weiter nichts. Das soll nicht heißen, dass man die Röllchen nur dazu benutzen dürfte, sie mittels Hammer durch das Bänkchen zu schlagen. Vielleicht möchte das Kind sie lieber alle in einen Kochtopf stecken und laut damit rappeln – auch gut.

Bunt durcheinander gewürfelt stört ein Ding das andere, verheddert sich die Aufmerksamkeit, springt die Aktivität hin und her oder endet in überdrüssiger Destruktion.

Bei Größeren ist das Grundproblem nicht viel anders. Je mehr in den Regalen herumsteht oder sich auf dem Fußboden türmt, desto weniger weiß das Kind, was es mit alldem anfangen soll. Beim Puzzle fehlt ein Teil, bei der Suche fällt ihm das halbfertige Lego-Auto in die Hände, das eine Rad hält nicht, also lieber was malen oder durchs Kaleidoskop gucken oder, oder, oder ...

Wenn Ihr Enkelkind also – wie die meisten – eher schon zu viel als zu wenig Spielzeug hat, halten Sie sich bitte zurück. Sicher, Sie möchten dem Kind etwas Gutes tun, wissen aber nicht so recht, was. Da liegt Schenken so nahe.

Vielleicht möchten Sie auch die Eltern finanziell entlasten, weil Sie es sich doch jetzt eher leisten können. Aber ist es nicht sinnvoller, zum Beispiel die Gebühren für den Judokurs und den Anzug dazu zu spendieren, als noch ein Videospiel zu kaufen?

Großeltern, die ihre Enkelkinder selten sehen, können oft die Dauerhaftigkeit eines geäußerten Wunsches nicht abschätzen. Sie möchten das Kind erfreuen, gehen gleich los und kaufen das Gewünschte. Die Eltern dagegen wissen, dass solche Wünsche oft auftauchen und wieder verschwinden wie Sumpfblasen. Kann man nicht verabreden, erst ein paar Wochen zu warten und sich dann noch einmal zu verständigen?

Oder ob Sie den Enkeln nicht statt Geld lieber Zeit schenken könnten? Mal mitgehen in den Zoo oder zum Baden, die Eltern schaffen es so selten. Oder der Puppe neue Kleider nähen, statt alles gleich neu zu kaufen?

Zu verbissen müssen wir das allerdings auch nicht sehen. Großeltern übernehmen auch eine sinnvolle Funktion, wenn sie hin und wieder so ein völlig sinnloses »Dingsbums« kaufen, das das Kind sich so dringend wünscht, das ihm seine gar so vernünftigen Eltern aber nicht kaufen wollen. Es ist alles eine Frage des Maßes.

Über gutes und schlechtes Spielzeug

Wenn Sie schon Spielzeug kaufen wollen, überlegen Sie bitte gut, was wirklich sinnvoll ist. Was soll dem Zweijährigen ein batteriegetriebenes Auto? Er braucht ein Gefährt, das er mit der Hand hin und her schieben kann, das Stürze und andere Gewaltanwendungen nicht übel nimmt, an dem man viel auf- und abmachen, auf das man allerlei aufladen kann. Das Kind will handeln, nicht zugucken! Manches Stück, das die Begeisterung von Oma oder Opa auslöst, ist dem täglichen Härtetest in Kinderhand nicht gewachsen. Wenn das süße, Musik dudelnde Plastikbärchen nicht mal einen Sturz über die Tischkante aushält, ist es wahrscheinlich beim nächsten Besuch schon wieder kaputt. Aber es ist ungerecht, dann dem Kind oder seinen Eltern Vorwürfe zu machen. Das Kind hat das Spielzeug benutzt, wie das eben seine Art ist. Wenn es das nicht aushält, war es als Spielzeug ungeeignet.

Größere Anschaffungen besprechen Sie besser mit den Eltern. Sie wissen am besten, was das Kind im Augenblick gebrauchen kann. Die meisten sind ja recht knapp bei Kasse, und es macht traurig, wenn man täglich daran erinnert wird, dass hier gutes Geld für sinnlose Dinge ausgegeben wurde.

Sinnlos, eher schädlich sind alle möglichen Gehhilfen oder Wippschaukeln, die dem Kind das Laufenlernen erleichtern sollen. Jedes gesunde Kind richtet sich auf und läuft, sobald sein Körper für diese Art der Fortbewegung reif ist. Kein Kind sollte für längere Zeit in die Senkrechte gebracht werden, bevor es das nicht aus freien Stücken und ohne stützende Apparaturen selbst probiert.

Sobald Kinder ihre Hände frei gebrauchen können, mögen sie allerlei, das qietscht und rappelt, Teile, die man übereinander stapeln oder ineinander stecken kann.

Sobald das Kind laufen kann und eine unbändige Lust an der Bewegung entwickelt, hat es Freude an Spielzeugen zum Bewegen. Etwas, das man hinter sich herziehen kann, ein dickes Auto zum Draufsetzen, ein Lastauto oder eine Eisenbahn, mit der man allerlei transportieren kann.

Sobald ein Kind Rollenspiele entdeckt, kann es dazu auch Puppen und Tiere gebrauchen, die es schlafen legen, füttern, in die Schule bringen, mit dem Auto fahren lassen kann.

Über die Frage, ob Holz und Naturfasern oder Plastik, kann man Glaubenskriege führen, man kann es aber auch lassen und von Fall zu Fall entscheiden. Jedes Material hat seine Vorzüge. Holz ist schön. Es ist eine Lust für Augen und Hände, oft auch noch für die Nase. Plastik ist leicht, wasserfest und als Wurfgeschoß weniger gefährlich. Puppen aus Naturfasern sind weich, warm, anschmiegsam. Aber man kann sie nicht mit in die Badewanne nehmen.

Sobald ein Kind beginnt, bewusst mit seinen Händen etwas zu produzieren, braucht es viel ungeformtes Material, das es zum Gestalten und Formen anregt. Einfache Bausteine – je mehr, desto besser. Wachsmalkreiden und viel Papier, Buntstifte, Kreide, eine Tafel, Knetmasse, die man für Jüngere, die noch alles in den Mund nehmen, auch aus Salzteig selbst herstellen und einige Wochen im Kühlschrank aufbewahren kann. (Zu 500 g Mehl und 170 g Salz geben Sie nach und nach abwechselnd 50 g Speiseöl und 100 g Wasser.) Das Geformte lässt sich sogar bei Mittelhitze backen. Schmeckt nicht, ist aber ungiftig.

Spielzeug für Kinder muss Experimente aushalten können. Abmachen, aufmachen, gucken, was drin ist – das ist der Anfang praktischer Intelligenz. Sicher, vieles geht dabei auch kaputt, und das bedeutet in unseren Augen, dass es wertlos wird. Aber Kinder finden oft das Haus ohne Dach, in das man jetzt wenigstens etwas hineinsetzen kann, erst richtig interessant, und dass der Teddy keine Beine mehr hat, stört überhaupt nicht.

Wenn Eltern und Großeltern es nicht ertragen, dass ein Spielzeug kaputtgeht, weil es so teuer war, sollten Sie keine so teuren Sachen mehr kaufen.

An einer Stelle ist viel Geld allerdings gut angelegt – wenn Sie Ihrem Enkelkind ein Kuscheltier schenken wollen, das es seine ganze Kindheit hindurch und oft noch weit darüber hinaus begleiten soll. Was meinen Sie, wie viel Jugendliche auf Klassenfahrten abends verschämt ihren Schlafteddy aus dem Rucksack kramen? Dieser unersetzbare Seelentröster muss enorm viel aushalten und sollte deshalb von hoher Qualität sein – und das kostet! Ein ideales Geschenk von Großeltern zur Geburt, zur Taufe, zu einem der ersten Geburtstage.

Größere Kinder wissen oft recht genau, was sie haben möchten und teilen das auch den Großeltern mit: die neuesten Plastikfiguren aus einer bestimmten Fernsehserie mit all dem speziellen Zubehör. Die Kassetten und Videospiele zu dieser Serie, und was sonst noch alles dazugehört. Die tolle Barbiepuppe mit Anhang, Kleidung für jede Gelegenheit, offenes Cabrio, eben alles, was der feine Mensch so braucht. Die Hersteller all dieser Dinge geben sich die größte Mühe, den Kindern einzureden, dass nur, wer alles aus der Serie hat, wirklich gut damit spielen kann.

Aber für Phantasie und Improvisiertalent bleibt da kein Raum. Alles ist schon vorhanden, alles ist perfekt. Das Kind spielt nur noch nach, was es im Fernsehen gesehen, auf der Kassette gehört hat.

Ein Gräuel für Eltern sind die im Handel erhältlichen abscheulich aussehenden Monsterfiguren, die Kinder besonders lieben, sowie das ganze Waffenarsenal, das im Angebot ist.

Kinder sind noch viel empfänglicher als wir für die allgegenwärtige Reklame. Sie wollen haben, was (anscheinend) alle haben. Sonst haben sie Angst, nicht mithalten zu können, nicht richtig dazuzugehören.

Und da stehen dann die Großeltern zwischen den dringenden Kinderwünschen und den Eltern, die schon zornig oder verzweifelt mit den Augen rollen.

Ich kann Ihnen auch nicht sagen, wie Sie sich bei dieser Gratwanderung zwischen praktizierter Zuneigung und pädagogischer Verantwortung am besten verhalten. Ein bisschen von all dem Zeug wird den Kindern keinen irreparablen Schaden zufügen. Je mehr Alternativen Sie ihnen dazu anbieten, desto weniger Bedeutung wird es haben. Bevor Sie aber etwas schenken, was den Eltern gegen den Strich geht, sprechen Sie lieber mit ihnen, wenn Sie die Beziehung nicht unnütz belasten wollen.

Wenn Erwachsene ohne festen Wunsch in ein Spielzeuggeschäft gehen, werden sie oft immer noch gefragt: »Soll es für einen Jungen sein oder für ein Mädchen?« Lassen Sie sich davon nicht einwickeln. Sagen Sie lieber, was Ihr Enkelkind für Vorlieben hat, was es gern tut, was es schon hat oder noch braucht. Sicher, die Vorliebe für Autos kann man nach wie vor eher bei den Jungen beobachten, die für Puppen eher bei Mädchen. Es hat wenig Zweck, der Enkelin ein Auto-Quartett zu schenken, wenn sie sich überhaupt nicht für Autotypen interessiert. Aber wo die Vorlieben nicht so festgelegt sind, sollten Kinder beiderlei Geschlechts alles ausprobieren können, sonst bleibt ja ein Teil ihrer Interessen und Fähigkeiten brach liegen. Und eines Tages sind Enkelin und Enkel dann davon überzeugt, dass er mit Babys nicht umgehen kann, weil er ein Mann ist, und dass sie für Technik keine Begabung hat, weil sie eine Frau ist. Das wäre doch schade!

Spazieren gehen muss nicht langweilig sein

Oft wird behauptet, Spazieren gehen sei für Eltern und Großeltern erholsam, für Kinder jedoch schrecklich langweilig. Aber das hängt ganz und gar davon ab, wie man das macht. Wenn ich mit meinem anderthalbjährigen Enkel spazieren gehe, geht das so: Wir zockeln die Straße entlang, bei jedem Törchen bleibt er stehen, und es gibt einen Disput darüber, ob das Tor nun »auf« ist oder »zu«, ob es, wenn auf, zugemacht oder, wenn zu, aufgemacht werden kann oder darf. Dann wird eine Weile probiert – auf/zu, auf/zu. Hin und wieder verschwindet das Kerlchen hinter einem Zaun und freut sich diebisch, wenn ich es wieder finde. Dann kommen die Mäuerchen, auf denen man balancieren kann, mit Hilfe oder lieber ganz allein.

Wir gucken den Arbeitern zu, die mit Getöse Äste von den Bäumen schneiden, der Müllabfuhr, dem Mann, der seinen Kleinlaster belädt. Wir machen bellende Hunde nach, suchen den Vogel hoch oben im Baum, der so schön singt. Wir entdecken in Vorgärten Gartenzwerge oder kleine Windmühlen, die sich drehen und wieder stehen bleiben. Im Winter finden wir Tannenzapfen oder Schneebeeren, die beim Drauftreten knacken, im Frühling Pusteblumen und Feuerkäfer. Sauber ist mein Enkel hinterher nicht mehr. Schließlich hat er den Unterschied zwischen Sand und Modder ergründet und die Tiefe von Pfützen ausgelotet. Aber das ist bei Forschern nun mal so. Weit kommen wir nicht und manchmal, ich gebe es zu, stehe ich mir ein bisschen die Beine in den Bauch, wenn mein Enkel von dem Sandhaufen, in dem er gräbt, überhaupt nicht wieder herunterkommt. Aber das Kind fand diese Spaziergänge noch nie langweilig.

Bei Älteren mag das ein bisschen anders sein. Aber eigentlich finden auch die vieles, was sich unterwegs zu beobachten oder auszuprobieren lohnt. Man muss sie nur lassen.

Ameisen statt Elefanten

Wenn die Kinder älter werden, sind sie vielleicht nicht mehr ganz so leicht zufrieden zu stellen. Oder Sie möchten ihnen mal etwas Besonderes bieten, etwas, das aus dem täglichen Einerlei herausfällt und lange im Gedächtnis bleibt.

Aber das muss nicht immer der Zoo sein oder der Zirkus, schon gar nicht das Kino.

Erkunden Sie Ihre Umgebung doch mal mit Kinderaugen. Gibt es irgendwo einen besonders interessanten Spielplatz? Der Vorteil an Spielplätzen ist, dass man da meistens auch noch andere Kinder trifft. Und die Erwachsenen treffen andere Eltern oder Großeltern, mit denen sie ein Schwätzchen halten und Erfahrungen austauschen können. Von ihrer Ausstattung her sind viele Spielplätze allerdings öde und langweilig.

Wo gibt es eine große Wiese, auf der man Ball spielen kann? Wo eine asphaltierte Fläche zum Dreiradfahren? Wo ist ein kleiner Tümpel, wo man matschen oder Schiffchen schwimmen lassen kann? Wo ein nicht allzu aufgeräumtes Wäldchen mit gefällten oder umgestürzten Bäumen zum Balancieren, mit herumliegendem Gestrüpp zum Hüttenbauen?

Ebenso interessant wie der Elefant im Zoo ist die Kuh auf der Weide, sind die Hühner in Laubenpiepers Garten. Haben Sie selbst den Blick für die Wunder der Natur verloren? Mit Ihrem Enkelkind können Sie ihn neu beleben. Hocken Sie sich vor einer Ameisenstraße auf den Boden – wohin laufen die alle? Was trägt die eine denn da? Versucht die andere zu helfen oder nimmt sie ihr den Brocken weg? Was tun sie, wenn wir ein Ästchen über die Straße legen?

Erinnern Sie sich noch an Pusteblumen, Kletten und die hüpfenden Samen des Springkrautes? Wissen Sie noch, wie die Bäume heißen, deren Blätter so schön bunt sind, und die Käfer, die über den Weg laufen? Kaufen Sie sich doch ein kleines

Bestimmungsbuch (z.B. das von Harry Garms – siehe Literaturverzeichnis, S. 238) und gucken Sie gemeinsam darin nach. Sammeln Sie doch schöne Blätter oder Gräser und pressen Sie sie zu Hause zwischen zwei Buchseiten. Ältere Kinder haben vielleicht Freude daran, sie in ein Heft zu kleben und zu beschriften.

Kennen Sie einen Tümpel, einen Bach, wo es Kaulquappen gibt? Ich weiß nicht, ob Tierschützer damit einverstanden sind, aber Sie können ein paar davon mit etwas Schlamm und wenig Wasser in einem Glas mitnehmen und beobachten, wie aus den schwimmenden Tierchen Frösche mit vier Beinen werden. Dann tragen Sie sie wieder zurück. Ihr Enkelkind wird wahrscheinlich noch monatelang in jedem Frosch, der ihm in der Gegend über den Weg hüpft, einen »seiner« Frösche vermuten. Ich denke, für den Tierschutz ist dabei insgesamt mehr gewonnen als Schaden angerichtet.

Mit den Kleineren können Sie Kastanien und Eicheln sammeln. Die kann man entweder den Rehen und Wildschweinen in einem der umliegenden Gehege als Futter bringen oder daraus zu Hause mit Hilfe von Zahnstochern Männchen und Tiere basteln. Man kann sie auch einfach zum Kullern, Werfen, zum Beladen von Lastwagen benutzen. Auch mit Tannenzapfen kann man noch allerlei anfangen.

Oder machen Sie mit Älteren doch mal eine Nachtwanderung – zu einer Zeit, in der sie eigentlich im Bett liegen sollten – das ist dann besonders spannend. Suchen Sie sich ein dunkles Eckchen, um die Sterne anzusehen. Wer findet als erster die Venus, den Großen Wagen, den Orion?

Etwas ganz Besonderes, vielleicht für eine Geburtstagsfeier, ist eine Schnitzeljagd oder eine Schatzsuche im Wald. Einer oder zwei gehen ca. eine halbe Stunde vor, markieren, zum Beispiel mit Sägespänen, den Weg. Oder verstecken an markierten Stellen kleine Zettel mit weiteren Hinweisen. Die folgende Gruppe muss dann suchen und findet am Ende entweder den

Schatz oder Opa und die Jüngste versteckt im Unterholz. Lassen Sie gemeinsam Ihre Phantasie spielen und schmücken Sie das Ganze ordentlich aus.

Erzählen und vorlesen

Lesen Sie Ihren Enkeln manchmal etwas vor? Oder trauen Sie sich die Konkurrenz mit Fernsehgeschichten und Kassetten gar nicht mehr zu?

Bei kleinen Kindern sind Sie anfangs im Vorteil. Denn die lieben besonders Geschichten, in denen ein kleiner Junge oder ein kleines Mädchen vorkommt, genau wie sie und vielleicht noch mit ihrem Namen. Die erleben Geschichten, die sie auch kennen, Alltagsgeschichten vom Essen und Schlafengehen, vom Baden oder Haarewaschen, nur ein bisschen wilder und phantastischer. Was dem Kind besonders gefällt, das können Sie weiter ausschmücken, über etwas, das es ärgert oder das ihm Angst macht, schnell hinweggehen. Solche maßgeschneiderten Geschichten finden Sie in keinem Bilderbuch, die müssen Sie schon selbst erfinden.

Kinder schauen auch schon gern Bilderbücher an, wenn sie den dazugehörigen Geschichten noch nicht recht folgen können. Dann erzählen Sie die Geschichte doch lieber selbst nach den Bildern, lassen Sie sich von den Texten anregen, bereiten Sie das Ganze aber so auf, dass Ihr Enkelkind folgen kann und gern zuhört.

Und wenn es dann größer wird und die Geschichten wortgetreu aus dem Buch hören möchte, weiß es schon, wie kuschelig und gemütlich es bei Oma oder Opa auf dem Sofa ist, wie sanft sich Omas Stimme bei Gutenachtgeschichten anhört, wie schön Opa den brummenden Bär nachmachen kann.

Denken Sie beim Stichwort Vorlesen nur an Schule, an betonungsloses Herunterleiern, trauen Sie sich etwas anderes kaum zu? Probieren Sie es doch einmal! Hüpfen Sie mit der Stimme, wenn das Eichhörnchen über die Steine hüpft, donnern und säuseln Sie, rollen Sie mit den Augen, benutzen Sie Ihre Hände, um das Ganze zu untermalen. Hemmungen? Hier sind Sie ganz unter sich, mit äußerst dankbaren und begeisterungsfähigen Zuhörern. Sie wissen wahrscheinlich gar nicht, was noch alles in Ihnen steckt. Nach einer Weile wird Ihnen das Vorlesen genauso viel Spaß machen wie Ihren Enkelkindern.

Wissen Sie nicht recht, was Sie vorlesen sollen? Gehen Sie doch mal in die Stadt- oder Gemeindebibliothek, lassen Sie sich etwas empfehlen, leihen Sie ein Buch aus. Das kostet nichts oder wenig, und Sie können immer wieder mit Neuem aufwarten. Vielleicht nehmen Sie Ihr Enkelkind auch mit und suchen zusammen etwas aus.

»Oma, wie war das früher?«

Wir leben in hektischen Zeiten. Was wir vor wenigen Jahren als sensationelle Neuerung kennen gelernt haben, ist heute schon selbstverständlich oder gar veraltet. Wie wir oder gar unsere Eltern als Kinder gelebt haben, ist für unsere Kinder schon Geschichte.

Aber Geschichte ist viel anschaulicher zu begreifen, wenn man seine Kenntnisse nicht nur aus Büchern erfährt, sondern von Menschen, die sie selbst erlebt haben.

Eltern haben oft recht wenig Zeit – für eigene Erinnerungen und auch dafür, sie den Kindern zu erzählen. Großeltern, auch wenn sie selbst noch recht aktiv im Leben stehen, finden doch eher Zeit für geruhsame Gespräche über damals, als so vieles ganz anders war.

»Oma, wie viel sind 200 g Brot?«

Die zehnjährige Tania hat in einem Schulbuch etwas über die Lebensmittelkarten und die Rationen der Nachkriegszeit gefunden. Sie versucht sich vorzustellen, wie das war. Oma weiß nicht mehr, wie viel Gramm Brot man damals am Tag bekam. Aber sie erinnert sich an die abgezählten Schnitten, die ihr jeden Morgen für den ganzen Tag zurechtgelegt wurden. An die Energie, die sie aufbringen musste, um nicht alle auf einmal zu verschlingen, wenn sie mit knurrendem Magen davor stand. Oder an den schönen Schlafzimmerläufer, den die Eltern schweren Herzens für ein halbes Pfund Butter weggaben. An falsche Freunde, die selbst alles hatten und mit der Not der anderen gute Geschäfte machten.

Solche alltäglichen Geschichten prägen sich mehr ein als Mengenangaben in einem Geschichtsbuch.

Oma kennt auch den Krieg noch aus eigener Erfahrung. Über die schlimmen Erinnerungen, über fallende Bomben und brennende Häuser spricht sie nicht so gern. Das kommt auch heute wieder in den Nachrichten vor, ist immer noch schreckliche Gegenwart. Aber auch hier machen oft die kleinen, alltäglichen Erlebnisse beim Erzählen Eindruck. Kinder wollen es heute zum Beispiel immer überall hell haben, in jedem Zimmer und auch auf der Straße. Sonst fürchten sie sich. Zu Omas Kinderzeit gab es abends als Schutz vor Bomben »Verdunklung« – keine Laterne brannte auf der Straße, kein Lichtstrahl kam aus den mit dicken Decken verhängten Fenstern. Helles Licht bedeutete Gefahr. Aber auch ohne Beleuchtung hat sie im Winter abends nach Hause gefunden – immer am Zaun entlang und die Eingangstore zählen, dann die Stufen, die Schritte – bis an die Haustür. Ob Oma deswegen so wenig Angst vor Dunkelheit hat?

Was Eltern ihren Kindern erzählen können, ist oft nicht lange genug her. Für die Eltern ist es fast noch Gegenwart. Aus ihren eigenen Erlebnissen leiten sie ihre Erfahrungen und Ansichten ab, nehmen sie als Maßstab für die Erziehung der eigenen Kinder. Aber für diese ist das, was ihre Eltern erlebt haben, das, was gerade vorbei ist. Das, wovon sie sich, wenn sie älter werden, abzusetzen versuchen. Wie die Eltern leben, was sie schön und gut finden, das ist »out«, das ist spießig, ist eben »von gestern«. Es wird ihnen auch zu oft unter die Nase gerieben: »Ich habe in dem Alter nicht solche Ansprüche gestellt.« »Das hätte ich mir bei meinem Vater mal erlauben sollen.«

Aber was Oma oder Opa erzählen kann, ist nicht von gestern, sondern von vorgestern.

Weil die meisten Großeltern nicht mehr die volle Last der Erziehung zu tragen haben, erliegen sie wohl auch nicht so oft der Versuchung, ihre eigenen Erfahrungen den Kindern zum Maßstab zu machen. Deshalb ist das, was sie erzählen, weniger belastet von Debatten über Moral, Geschmack und Ansprüche. Es ist schon wieder interessant, ebenso wie für die Älteren die Klamotten auf dem Flohmarkt, die eben nicht aus der spießigen Zeit ihrer Eltern, sondern aus der ihrer Großeltern stammen. Diese Zeit ist so lange her, dass die Erfahrungen dieser Generation schon ganz fremd und exotisch anmuten, wenn sie nicht durch kleine Geschichten wieder lebendig gemacht werden.

Mama erzählt, dass es zu ihrer Kinderzeit nur zwei Fernsehprogramme gab und dass vormittags überhaupt nichts gesendet wurde. Das kann man sich heute ja noch vorstellen. Aber was machten Kinder den ganzen Tag, als es überhaupt kein Fernsehen gab?

Zum Glück gab es nicht nur kein Fernsehen, sondern auch viel weniger Autos als heute. Opa konnte noch mit seinen Spielfreunden auf einer Hauptverkehrsstraße hocken und mit

Kreide eine »Hopse« oder auch »Ingrid ist doof« auf den schönen glatten Asphalt malen – ein Kind hatte dann immer die Aufsicht, und wenn es »Auto!« rief, gingen alle zur Seite, bis die Gefahr vorbei war.

Vielleicht weiß Opa ja auch noch, wie das mit der »Hopse« ging oder wie man mit Hilfe einer Peitsche aus Bindfaden einen karottenförmigen Holzkreisel zum Drehen brachte. Dann kann man das doch nachmachen.

Heute muss alles perfekt sein und fertig gekauft werden. Aber zu Omas Zeiten machte man sich Bogen aus Haselgerten, Pfeile oder auch Blasrohre aus Holunderruten. Oder einen großen Drachen aus Latten und Packpapier, mit Schwanz und Ohren aus Kartoffelkraut. Der war, wenn man ihn anhob, so schwer, dass es wie ein Wunder wirkte, wenn er sich tatsächlich in die Luft schwang. Und wenn er es wirklich tat, war das noch ein ganz anderes Hochgefühl, als wenn man heute einfach nur so ein buntes, perfektes Ding zum Fliegen bringt. Auch ausprobieren?

Oder weiß Oma noch, wie man aus Butter und Zucker in der Bratpfanne Bonbons machen kann? Sie haben zwar weder raffinierte Form noch Farbe, aber sie schmecken ...!

Großeltern verwöhnen ihre Enkel gern. Oft tun sie das mit Geschenken, vielleicht weil sie glauben, sie hätten sonst wenig zu bieten. Kramen Sie doch mal im Schatzkästchen Ihrer Erinnerungen und »verwöhnen« Sie Ihre Enkelkinder lieber mit solchen Geschichten.

Computer – Teufelszeug oder Wunderding?

Viele Großeltern halten ängstlichen Abstand zu Computern. Kinder aber mögen sie, auch schon in jungen Jahren. Und sie benutzen sie mit einer Selbstverständlichkeit, die uns Alten abgeht.

Immer wenn ein neues Medium erfunden und auch von Kindern genutzt wird, werden besorgte Warnungen vor möglichen bösen Folgen für die kindliche Entwicklung laut. Das war schon bei Büchern so, später bei Kinofilmen und Comics und dann natürlich beim Fernsehen.

Eltern wiederum hoffen, dass ihr Kind durch frühzeitigen Umgang mit dem Computer klüger werde, später Vorteile im Informatikunterricht habe, seine beruflichen Chancen verbessere. Das stimmt so freilich auch nicht.

Jüngere Kinder spielen mit dem Computer, wie sie mit Autos oder Bausteinen spielen. Für eigene Kreativität jedoch lässt der Computer oder auch sein kleiner Bruder, der Gameboy, kaum Platz. Der eigene Anteil besteht meistens nur aus reaktionsschnellem Knöpfchendrücken oder Rudern mit dem Joystick. Davon wird man nicht klüger, nur geschickter.

Kinder, die früh mit einem Computer umgehen, verlieren höchstens die Scheu vor dem Ding. Aber Grund genug, einen anzuschaffen, ist das nicht.

Grundsätzlich gut oder schlecht ist nicht das Medium an sich, sondern die Art, wie es gebraucht wird.

Kein Kind wird Schaden nehmen, wenn es, auch schon im Vorschulalter, auf ein paar Knöpfchen drückt oder kurze Zeit am Computer spielt, weil ihm das Spaß macht. Aber je jünger ein Kind ist, desto dringender muss es mit allen seinen Sinnen, auch mit Händen und Füßen, seine Umwelt erforschen, desto größer ist auch sein Bedürfnis nach Bewegung, desto schädlicher ist langes Stillsitzen. Und die eigene kreative Unternehmungslust kann Schaden nehmen, wenn ein Kind zu lange mit Vorgefertigtem beschäftigt wird.

Beim Umgang mit Computerprogrammen wird die Konzentration von außen gesteuert. Das Kind muss schnell und genau das tun, was das Programm vorschreibt. Nimmt solche Beschäftigung überhand, kann seine Fähigkeit leiden, sich selbstgesteuert zu konzentrieren. Es gewöhnt sich zu sehr daran, dass jeder Anstoß für etwas, das es tun soll, von außen kommt. (Ob das Kind am Computer lernt oder spielt, macht dabei keinen großen Unterschied.)

Einen großen Unterschied macht noch der Inhalt der Computerspiele. Es gibt »Action-Spiele«, bei denen vor allem geballert, vernichtet, »eliminiert« wird. Sicher, es werden immer schrecklich böse Wesen, Feinde der Menschheit, ausgerottet. Aber es werden Gewalt und Vernichtung als eine Möglichkeit der Konfliktlösung eingeübt. Eine gefährliche Lehre!

Daneben gibt es Abenteuerspiele im Märchenstil, Spiele mit Pfiff und Phantasie, die bestimmt auch Ihnen Spaß machen, wenn Sie sich mal von Ihren Enkeln einweisen lassen. Allerdings stellen Sie sich in deren Augen wahrscheinlich schrecklich »dusselig« an.

Im Übermaß betrieben können auch die schaden. Die Frage ist weniger, was die Spiele den Kindern Schlimmes antun, sondern was sie versäumen, während sie davor sitzen.

Oft werden die Großeltern um ein neues Computerspiel angefleht, wenn die Eltern auf dem Ohr schon taub sind. Wäre nicht ein anderes Geschenk sinnvoller? Wenn es schon eins sein soll, dann wenigstens ein vernünftiges. Manchmal geben Jugendämter Empfehlungen heraus oder wissen zumindest, wo man so etwas bekommen kann. Erkundigen Sie sich.

Streit muss sein, aber richtig!

Sie kommen mit Ihrem Schwiegersohn, Ihrer Schwiegertochter nicht zurecht? Sie ärgern sich oft, wenn Sie sich sehen über ihr oder sein Benehmen?

Oder finden Sie, dass Ihr Sohn/Ihre Tochter sich unmöglich aufführt, seit er/sie mit diesem Menschen liiert ist?

Was können Sie gegen diese gestörte Beziehung tun?

»Wieso denn ich?«, mögen Sie fragen. Er (oder sie) ist doch schuld, soll er (oder sie) doch den ersten Schritt tun!

Oft werden solche Konflikte nach diesem Schema betrachtet: Feststellen, wer Schuld hat und der ist dann auch für die Sanierung des Verhältnisses zuständig. Der andere wartet mehr oder weniger vergrätzt ab.

Aber verständlicherweise sieht das mit der Schuld der jeweils andere anders. Ist der Großmutter ihr Schwiegersohn zu schlampig, findet der, dass die Schwiegermutter einen Putzfimmel hat. Meint Opa, die Schwiegertochter schmeiße das Geld zum Fenster heraus, findet sie, die Alten seien geizig. Und wer nun wen zuerst gekränkt, nicht für voll genommen oder übergangen hat, wer wen vor wem zuerst madig gemacht hat, ist immer Auslegungssache.

Diese nach rückwärts gewandte Sichtweise, die den Konflikt vom Anfang, von der Entstehung her aufzudröseln versucht, ist ganz und gar unfruchtbar.

Ich nehme an, Sie fühlen sich bei dieser gestörten Beziehung nicht recht wohl, wären ganz froh, wenn sich das ändern ließe. Dann fragen Sie sich doch lieber nach vorn gewandt:
- Welches sind eigentlich die Hauptstreitpunkte zwischen uns?
- Was müsste geändert werden, damit wir besser miteinander auskommen?
- Was kann ich dazu tun, dass eine solche Veränderung eintritt?

Wenn in einer gestörten Beziehung einer aus dem eingespielten Verhalten, aus der wechselseitigen Vorwurfshaltung heraustritt und es einfach anders probiert, muss auch der andere sich anders verhalten. Und das kann in einem solchen Falle doch nur ein Fortschritt sein.

Möglicherweise ist Ihr Verhältnis zu Kindern und Schwiegerkindern nicht dauerhaft belastet. Vielleicht ärgern Sie sich nur hin und wieder über etwas, das die jungen Leute tun oder sagen. Sie sind dann wütend, traurig oder gekränkt. Aber Sie wollen keinen Streit und halten deshalb lieber den Mund. Warum eigentlich? Es ist nicht sinnvoll, Streit um jeden Preis zu vermeiden. Dass man sich nie streitet, ist noch lange kein Beweis dafür, dass man gut miteinander auskommt. Im Gegenteil.

In einer oberflächlichen Beziehung, in die die Einzelnen nicht viel Gefühl investieren, ist es relativ leicht, immer ausgewogen und freundlich zu sein. Im Betrieb oder im Büro zum Beispiel, zwischen Chef und Angestellten, ist lautes, heftiges Streiten meist vermeidbar.

In engen, gefühlsbetonten Beziehungen kann es nicht immer nur Friede und Freude geben. Wo viel Zuneigung ist, entsteht auch leicht Enttäuschung, Gekränktheit, Wut. Wenn man die nicht äußert, leidet die Beziehung.

Deshalb gibt es auch oder gerade in guten Familien Streit. Muss es geben, damit böse Schwelendes sichtbar wird und bearbeitet werden kann. Wie soll sich denn sonst etwas ändern? Wie häufig und wie heftig gestritten wird, ist unter anderem eine Frage des Temperaments. In manchen Familien wird man schnell mal lauter, es wird aber auch schnell wieder verziehen. In manchen ist der Umgangston »rau, aber herzlich«. Was besonnener und leiser daherkommt, ist nicht deswegen schon bekömmlicher. Und stunden-, tage-, wochenlang zu schmollen ist bestimmt nicht besser als kurz und heftig zu explodieren. Vor allem Kinder können damit viel besser umgehen als mit unterschwelligen Gekränktheiten. Denn auch wenn die Erwachsenen »was miteinander haben«, die Kinder kriegen das ja doch mit. Aber sie können es umso weniger verstehen, je größer die Zeitspanne zwischen Konflikt und Reaktion wird.

Streiten ohne zu kränken

Ein gut ausgetragener Streit soll die Beziehung verbessern, sie nicht zusätzlich belasten.

Es bringt nichts, den Streit mit der Absicht anzufangen, sich zu rächen, die Kränkung nach dem alttestamentarischen Motto zurückzugeben: »Auge um Auge, Zahn um Zahn«. Denn das können Sie dann beliebig lange so weitertreiben und werden einer dem anderen dabei immer mehr Wunden schlagen, ohne dass sich an Ihrer Beziehung etwas verbessert.

Ziel eines produktiven Streits soll sein, Ärger, der entstanden ist, sichtbar zu machen, Dinge, die geklärt werden müssen, offen auf den Tisch zu bringen.

Wenn Sie also merken, dass Sie im Umgang mit den jungen Leuten etwas nachhaltig ärgert, Ihnen immer wieder aufstößt – sprechen Sie es aus. Nutzen Sie den Schwung eines frischen Ärgers, um Ihre Sicht der Dinge klarzumachen. Und tun Sie es bald – je länger Sie Ihren Ärger aufstauen, desto leichter läuft der Streit aus dem Ruder, nimmt an Schärfe zu, die Sie eigentlich nicht wollten.

Manchmal passiert es freilich auch, dass einen etwas sehr aufregt, man weiß aber selbst nicht genau, was einen so wütend oder traurig macht. Dann kann es besser sein, erst einmal darüber zu schlafen. Fragen Sie sich, wenn Sie sich beruhigt und etwas Abstand gewonnen haben: Was genau ist es, was mich so ärgert? Was möchte ich erreichen, was sollte anders werden? Und dann sprechen Sie das an – bei der nächsten sich bietenden Gelegenheit.

Wenn ein Streit eine klärende, die Atmosphäre reinigende Wirkung haben soll, muss ich das, was ich loswerden möchte, so formulieren, dass es beim anderen auf offene Ohren und nicht auf eine Mauer aus Abwehr und Verteidigung stößt.

Wie man das machen kann, dafür lassen sich einige Regeln aufstellen.

Erste Regel: Ich *statt* du

Ein Mensch geht in Verteidigungsstellung, wenn er sich von einem anderen in seinem Selbstwertgefühl angegriffen fühlt. Wenn er zum Beispiel beschimpft wird oder wenn ihm Motive unterstellt werden, die er gar nicht hat.

Nehmen wir an, Ihr Schwiegersohn hat seine Eltern zu einem Familienessen eingeladen, und Sie fühlen sich gekränkt und übergangen, weil Sie nicht auch eingeladen wurden.

Dann könnten Sie zum Beispiel sagen: »Das finde ich ausgesprochen schäbig von dir, dass du deine Eltern zum Essen eingeladen hast, uns aber nicht. Wahrscheinlich hattest du wieder mal Angst, dass das für dich zu teuer wird.«

Würden Sie einen solchen Vorwurf anhören können, ohne sich wütend zu verteidigen? Ihr Schwiegersohn kann es bestimmt auch nicht. Sie beschimpfen ihn als »schäbig« und unterstellen ihm, dass er geizig ist.

Dagegen wird er sich wehren. Und für Ihre Kränkung wird er dabei wenig Gespür haben.

Sie können es aber auch so sagen: »Warum hast du deine Eltern eingeladen und mich nicht? Ich freue mich immer, wenn ich mal zum Essen eingeladen werde. Ich fühlte mich zurückgesetzt.«

Sie reden dann nicht über ihn und seine möglichen Motive, greifen ihn also nicht direkt an.

Sie sprechen nur über sich selbst, über Ihre Enttäuschung, Ihren Ärger. Den kennen Sie am besten, darüber gibt es keine Diskussion, das ist nun mal so.

Es kann also einem solchen Streit viel Schärfe nehmen, wenn Sie nicht »du« sagen – du bist, du hast, du wolltest –, sondern stattdessen etwas über sich mitteilen, was Sie wirklich selbst am besten wissen. Also nicht »Du hast mich gekränkt«, denn damit beschuldigen Sie den anderen, sondern »Ich fühle mich gekränkt«.

Zweite Regel: *Nicht* man, *sondern* ich

»So macht man das ja auch nicht!« Wenn Sie mit dieser Bemerkung die Kochkünste Ihres Sohnes kommentieren, wird er ziemlich leicht ärgerlich werden. Wer ist denn »man«? Diese Formulierung erweckt den Eindruck, als hätte sich eine ganze geheime Armee auf Ihre Seite geschlagen und alle kritisierten gemeinsam den armen Kerl, der mit seinem Fehler ganz allein dasteht. Auch das wirkt wie ein Angriff auf das Selbstwertgefühl: Wie kann man so dumm oder so unwissend sein, sich gegen eine allgemeine Regel zu stellen?

Freilich kann Ihr Sohn auch kontern: »Früher vielleicht, aber neuerdings macht man das so.« Dann stehen gewissermaßen zwei Geisterarmeen einander gegenüber.

Wie viel weniger Zündstoff enthält dagegen die Formulierung »Ich mache das immer anders. Ich komme damit besser zurecht.« Damit stellen Sie gewissermaßen eine einzelne Sicht der Sache neben die andere und lassen die Berufung auf die Allgemeingültigkeit weg.

Wenn Sie dann noch, wie hier in dem zweiten Satz, ausdrücken, dass Sie keineswegs den Anspruch erheben, dass Ihre Methode richtig ist, sondern nur sagen wollen, dass Sie damit besser klarkommen, erleichtern Sie es Ihrem Gegenüber sehr, Ihren Einwand ohne Groll zu prüfen.

Sagen Sie auch nicht so oft: »Das ist falsch«, »Das ist doch Quatsch.« Jedenfalls nicht, wenn es um persönliche Sichtweisen oder Meinungen geht, und das ist sehr oft der Fall. Sie haben die richtige Sichtweise schließlich nicht gepachtet. Sagen Sie stattdessen: »Ich denke, ich meine, ich finde, dass ...« Solche Formulierungen berichten über eigene Eindrücke, Meinungen, Empfindungen. Sie lassen es dem anderen frei, sich dem anzuschließen oder eine eigene Meinung danebenzusetzen. Sie laden zum Dialog ein, ohne zu kränken. Und das wollen Sie doch.

Dritte Regel: *Kein Angeln nach Verbündeten*

Natürlich fühlt man sich in einem Streit sicherer, wenn man weiß, dass andere die strittige Sache genauso sehen. Trotzdem ist es wenig hilfreich, die anderen ständig mit ins Feld zu führen. »Lisa hat auch gesagt, dass du deine Eltern immer vorziehst.« Was muss der Schwiegersohn daraus schließen? Dass Sie die Geschichte hinter seinem Rücken schon mit Lisa, und wahrscheinlich auch noch mit einigen anderen, durchgehechelt haben. Und da soll er sich nicht angegriffen fühlen? Das wissen doch schon Kinder: »Zwei gegen einen ist feige.« Trauen Sie doch Ihren eigenen Argumenten. Sie müssen sie nicht aufbessern, indem Sie versichern, ein anderer oder gar noch »alle« anderen sähen das genauso wie Sie. Das ist wie mit dem »man« – Sie führen lauter geheime Verbündete an, die Ihr Gegenüber in die Defensive drängen. Dann verteidigt sich der andere nur noch und ist für Ihr Anliegen nicht mehr offen.

Unfair ist es auch, ein anderes Familienmitglied zum Eingreifen in den Streit zu drängen. »Lore, sag du doch mal was dazu!« Nehmen wir an, Lore ist in dem Streit mit dem Schwiegersohn Ihre Tochter. Lore hat mit beiden schon über die Sache gesprochen, hat versucht, beiden gerecht zu werden und vielleicht zu vermitteln. Was soll sie denn jetzt tun? Wenn sie eindeutig für einen von Ihnen Partei nimmt, muss sie den anderen vor den Kopf stoßen. Damit bringen Sie sie in einen heftigen Loyalitätskonflikt. Und Ihren Schwiegersohn machen Sie wahrscheinlich noch ärgerlicher, weil Sie vor seinen Augen versuchen, ihm eine Verbündete auszuspannen.

Wenn Lore sich freiwillig einschaltet, ist das etwas anderes.

Erst recht dürfen Sie nicht die Kinder in einem Streit mit den Eltern als Verbündete anwerben oder ins Feld führen. »Der Niko hat gestern auch gesagt, sein Vati soll ihn abends öfter mal ins Bett bringen.« Muss Vati nicht daraus schließen, dass Oma den Jungen in ihrem Sinne beeinflusst hat?

Vierte Regel: *Keine unzulässigen Verallgemeinerungen*

Zur vierten Regel führen uns zwei kleine Wörtchen aus dem ersten Beispiel – »mal wieder« – »Wahrscheinlich hattest du mal wieder Angst, dass das für dich zu teuer wird«. Mit diesen zwei Wörtchen wird unterstellt, dass das nicht ein einmaliger

Fehler, sondern sozusagen eine Sache mit Prinzip ist, eine dauernde Haltung. Und das ist ein viel härterer Angriff. Einmal etwas nicht richtig gemacht zu haben kann man viel leichter zugeben als einen vermeintlichen Charakterfehler.

Die gleiche Wirkung haben Formulierungen wie »Immer sagst du ...«, »Immer wieder machst du ...«.

Solche Verallgemeinerungen sind ja auch von unterschiedlichen Sichtweisen abhängig. Sie haben das Gefühl, dass Ihr Schwiegersohn so etwas »immer wieder« macht, weil Sie an der Stelle besonders empfindlich sind. Und so ziehen Sie dann mehrere vereinzelte Ereignisse zu einem roten Faden zusammen. Dass der Mann dazwischen auch oft ganz anders reagiert, kommt bei Ihnen nicht so an, weil es zu der Ansicht, die Sie sich inzwischen über ihn gebildet haben, nicht passt. Er selbst oder Freunde, die ihn in anderen Zusammenhängen kennen, sehen das vielleicht ganz anders. Deshalb erlebt er Ihr »mal wieder« als unzulässigen Angriff auf seine Person.

Halten Sie sich deshalb beim Streiten an das, was konkret gerade vorgefallen ist und Sie geärgert hat. Das ist für alle Beteiligten am besten nachvollziehbar. Und richten Sie den Blick dabei auf die Zukunft, auf das, was in Zukunft anders werden soll, nicht auf die Vergangenheit.

Fünfte Regel: *Keine alten Hüte hervorkramen*

Denken Sie daran: Ziel ist nicht eine Abrechnung mit der Vergangenheit, sondern eine Änderung in der Zukunft. Denn ein rückwärts gewandter Streit führt nur in eine Sackgasse. Das sieht dann ungefähr so aus: »Immer wieder ziehst du deine Eltern uns vor.« Der Schwiegersohn protestiert – siehe Regel vier. Dann Sie: »Voriges Jahr, als deine Eltern da waren, seid ihr auch ohne uns mit den Kindern in den Zoo gegangen.« Der Schwiegersohn kann sich vielleicht schon kaum noch erinnern.

Aber irgendwann kontert er : »Und Ihr habt, als wir schon längere Zeit zusammen waren, mehrmals Eure Tochter zum Essen eingeladen und gleich dazu gesagt, sie soll aber lieber allein kommen.« Und so können Sie immer weiter zurückgehen, weil jeder beweisen will, dass der andere mit der angeblich einseitigen Bevorzugung angefangen hat. Nur für die Zukunft bringt das überhaupt nichts. Die einzig produktive Frage ist die, was Sie in Zukunft tun können, um solche Kränkungen zu vermeiden.

Sechste Regel: *Klare Worte statt vage Andeutungen*

Manch einer oder besser gesagt manche eine, die sich nicht gern streitet, bleibt dabei auf halbem Wege stecken. Sie macht hier mal eine spitze Bemerkung, da mal eine viel sagende Geste und erwartet, dass die anderen den Rest schon erraten und verstehen. Das ist eher eine weibliche Form der Auseinandersetzung, da viele Frauen eine große Scheu vor aggressivem Streiten haben. Sie agieren mehr aus dem Hinterhalt, setzen mehr auf viele kleine Nadelstiche statt auf ein klares Gefecht.

Aber leider lassen sich Leute, die dauernd kleinen Nadelstichen ausgesetzt sind, dagegen oft ein dickes Fell wachsen. Sie gewöhnen sich daran, sie reagieren nicht darauf, das unterschwellige Gegrummel vergiftet jedoch die Atmosphäre.

Sagen Sie doch klar, was Sie denken und wollen, dann müssen die anderen darauf reagieren.

Wenn Ihre Tochter Sie fragt, ob Sie die Kinder ins Bett bringen würden, Sie aber finden, das könne doch auch der Vater tun, dann fragen Sie: »Warum kann Jochen denn das nicht tun?« anstatt nur zu sticheln: »Na ja, wenn Jochen das nicht kann …«

Eine Variante ist auch: »Wenn sie mich lieb haben, müssen sie doch selbst darauf kommen.«

Da sagt eine Mutter auf die wiederholte Frage ihrer erwachsenen Kinder, ob sie böse sei, wenn sie allein ins Kino gingen: »Nein, nein, geht mal, ich kann ja ein andermal allein gehen.« Aber dazu macht sie ganz traurige Augen und ist dann drei Tage lang verstimmt. Ja, was denn nun? Warum sagt sie nicht klar, was sie gern möchte? Stellen Sie sich vor, jemand ginge mit Ihnen so um, und überprüfen Sie dann Ihre eigenen Reaktionen. Würden Sie freundlich und einfühlsam reagieren oder eher etwas gereizt?

Menschen mögen es nicht, wenn Mitteilungen, die sie empfangen, untereinander nicht stimmig sind, wenn einzelne Wahrnehmungen sich widersprechen, wenn zum Beispiel der Blick etwas anderes sagt als die Worte. Deshalb ist zum Beispiel auch Ironie so schwer zu ertragen. Da wird mit freundlichem Gesicht und freundlichen Worten etwas gesagt, was überhaupt nicht freundlich gemeint ist. Und das stört. Stört ebenso wie die Zweideutigkeit in unserem Beispiel. Und das macht es eben schwerer, freundlich auf die Bedürfnisse des anderen einzugehen.

Siebte Regel: *Nicht nur reden, sondern auch zuhören*

Aus dem Bisherigen konnte man den Eindruck gewinnen, als sollte nur einer seinen Ärger äußern und der andere ihn lediglich anhören, um daraus Konsequenzen zu ziehen. Manchmal mag das ja auch so sein. Meistens aber hat so ein Streit zwei Seiten und zwei Perspektiven. Und wenn ein Streit zu einem produktiven Ergebnis führen soll, muss jeder die Sichtweise, die Argumentation des anderen zur Kenntnis nehmen und berücksichtigen.

Manche Leute streiten, als spielten sie Pingpong. Jeder denkt nur an seine eigenen Argumente. Redet der andere, wartet er nur, bis der eine Pause macht, um dann unbeeindruckt mit seiner Litanei fortzufahren. Die Rede des anderen ist nur eine unliebsame Unterbrechung des eigenen Gedankenganges.

In Seminaren, in denen die Teilnehmer das Debattieren, auch das Streiten lernen sollen, erhalten sie manchmal folgende Übungsaufgabe: In einem Gespräch müssen sie zunächst das, was der Partner gesagt hat, mit eigenen Worten wiederholen. Erst dann dürfen sie ihm etwas Eigenes entgegnen. Der Partner macht es dann genauso. Das ist für die Beteiligten oft sehr schwierig. Denn jeder möchte gleich mit der eigenen Entgegnung herausplatzen. Die Übung soll aber sicherstellen, dass der eine erst das, was der andere gesagt hat, in sich aufnimmt und wirklich verstanden hat, bevor er antwortet.

Für die Anwendung im Alltag ist das wohl etwas umständlich. Aber zumindest im Stillen ist es lohnend, diese Regel anzuwenden. Fragen Sie sich, wenn Ihr Streitpartner etwas sagt, zunächst einmal: »Was hat er jetzt eigentlich gesagt? Wie hat er das gemeint?« Wenn Sie sich darüber nicht klar sind, fragen Sie erst mal nach: »Wie meinst du das?« Und antworten Sie erst danach.

Manchmal beginnt ein Streit ja ziemlich fair und sachlich, aber wenn er heftiger wird, wenn einer fürchtet, den Kürzeren zu ziehen, ist die Versuchung groß, sich durch ein unfaires Mittel einen Vorteil zu verschaffen. Dann wird aus einer fairen Auseinandersetzung, die eine Wendung zum Besseren bringen soll, eine Abrechnung mit dem Ziel, den anderen fertig zu machen. Das soll die nächste Regel verhindern.

Achte Regel: *Keine Schläge unter die Gürtellinie*

Diese Regel ist eigentlich die wichtigste und müsste von daher ganz am Anfang stehen. In die Gefahr, gegen sie zu verstoßen, kommt man aber meistens erst im Eifer des Gefechts.

Jeder Mensch hat seine empfindlichen Stellen, an denen er leicht verletzlich ist. In einer Familie, in der man recht eng zusammenlebt, recht vertraut miteinander umgeht, kennt man diese empfindlichen Stellen oft ziemlich genau. Und wenn man Streit hat, wenn man ärgerlich wird, ist die Versuchung groß, den anderen dort zu treffen, wo es besonders wehtut, um ihn kleiner zu machen und sich selbst einen Vorteil zu verschaffen.

Nehmen wir an, Ihr Schwiegersohn hat einen niedrigeren Schulabschluss als die meisten anderen Familienmitglieder und hat deshalb manchmal Minderwertigkeitskomplexe. Dann ist es infam, genau darauf in Auseinandersetzungen immer wieder anzuspielen.

Oder er hat durch einen äußerst unüberlegten Ratenkauf gerade einen großen Teil der Familienersparnisse in den Sand gesetzt. Dann können Sie dazu durchaus etwas sagen, dürfen ihm aber nicht in jedem x-beliebigen Streit um die Ohren hauen: »Sieh du lieber zu, dass du erst mal lernst, mit Geld umzugehen.«

Überhaupt ist es unvernünftig und überheblich, die eigene größere Erfahrung in vielen Dingen den Jungen gegenüber als Waffe im Streit zu benutzen. So erreichen Sie nie, so verhindern Sie, dass Ihre Kinder und Schwiegerkinder von Ihren Erfahrungen profitieren und Rat annehmen können. Denn darin sind junge Leute empfindlich. Sie möchten auch ihre Kompetenz beweisen und für ihre vergleichsweise geringere Erfahrung können sie nichts.

Dass all dies indiskutabel ist, ist bei ruhiger Betrachtung klar. Entscheidend ist die feste Vornahme, sich Derartiges auch im Augenblick des Zorns zu verkneifen.

Neunte Regel: *Keine Spiele mit verteilten Rollen*

Oft laufen Familienstreitigkeiten ab, als folgten sie einem geheimen Regieplan. Sie werden nicht nur einmal, sondern wieder und wieder nach dem gleichen Muster aufgeführt. Alle kennen schon die Knackpunkte, an denen der Streit sich oft entzündet. Wer dann was zu wem sagt, wann es laut wird, wann einer türenknallend verschwindet, ist schon ziemlich vorhersagbar. Aber jedes Mal ist man am Ende nicht weiter als am Anfang, und bei einem der nächsten Treffen, wenn das richtige Stichwort fällt, geht das ganze Theater von neuem los.

Das sieht dann zum Beispiel so aus: Ein Dauerbrenner zwischen einem jungen Paar und ihren Eltern ist das liebe Geld. Opa schießt bei besonderen Belastungen schon mal großzügig was zu. Es ärgert ihn dann aber besonders, wenn die jungen Leute seiner Meinung nach nicht sorgfältig genug damit umgehen. Diesmal sind im Häuschen der jungen Familie größere Instandsetzungsarbeiten geplant. Der Schwiegersohn will vorführen, wie sicher er das Ganze managt. Er berichtet locker und großspurig, was sie nach den ersten Plänen noch für Sonderarbeiten in Auftrag gegeben haben. Seine Frau tritt ihn unter dem Tisch, sie fürchtet das schon häufig gespielte Stück. Aber ihr Mann merkt noch nichts. Großvater: »Habt Ihr euch die Zusatzabsprachen schriftlich bestätigen lassen?« Der Schwiegersohn ärgert sich über diese Einmischung, er hört den Vorwurf heraus, er habe das wieder nicht richtig gemacht. Aber er weiß auch, dass der Alte Recht hat. Er hat daran wieder nicht gedacht. Das reizt ihn noch mehr. Also antwortet er aufreizend lässig: »Ach was, auf die Leute kann ich mich verlassen, die ziehen mich nicht über den Tisch.« Darauf erfolgt vom Schwiegervater zum soundsovielten Mal eine Belehrung über korrektes Geschäftsgebaren und klare Verträge, darüber, dass in Gelddingen die Freundschaft aufhört ... Der Schwiegersohn kann das Lied schon singen, aber umso mehr reizt es ihn, zu widersprechen. Beide lassen sich in Positionen schieben, die sie sonst gar nicht einnehmen, einfach aus dem Bedürfnis heraus, einander zu widersprechen. Als sie wütend auseinander gehen, hat jeder wieder sein Vorurteil über den anderen bestätigt gefunden: Der Schwiegersohn ist ein Verschwender, der Opa ein Bürokrat und Krümelkacker.

Manchmal hat man das Gefühl, dass die Beteiligten dieses Spiel gar nicht so ungern immer wieder aufführen, dass sie das brauchen. Bitte, dann sollen sie. Wenn aber einer von beiden es satt hat, wenn er das Stück vom Spielplan absetzen möchte, muss er aus seiner Rolle aussteigen, muss er sich anders verhalten, als er es üblicherweise tut. Dann gerät das ganze Spiel durcheinander und kann einen anderen Verlauf nehmen.

Wenn der junge Mann die Einmischungen nicht mag – warum erzählt er dann so detailliert seine Vorgehensweise? Wenn der Großvater seinen Schwiegersohn für so unerfahren hält – warum fragt er dann immer wieder nach, warum lässt er ihn seine Erfahrungen nicht selbst machen? Wenn er sich über die Verwendung des Geldes so ärgert, warum gibt er es den Kindern dann immer wieder? Warum werden die Bedingungen nicht vorher klar formuliert?

Wenn Sie über Sohn oder Tochter, Schwiegersohn oder Schwiegertochter eine recht fest gefügte Meinung haben, unterziehen Sie sie doch mal einer gründlichen Revision. Könnte man das nicht auch anders sehen? Wenn Sie in Auseinandersetzungen häufig die gleichen Redewendungen benutzen – geht das nicht auch anders?

Warum sagen Sie fast automatisch, wenn Ihr Sohn seine kleine Tochter an etwas hindern will: »Nun lass sie doch mal!«? Warum sagen Sie ständig, wenn es zu Streit kommt: »Da hat Papa (oder Mutti) aber Recht!«? Warum schnappen Sie regelmäßig ein, wenn Ihre Tochter Sie vor den Ohren des

Schwiegersohnes kritisiert? Probieren Sie es doch mal anders. Übernehmen Sie die Regie, statt immer nur mitzuspielen.

Zehnte Regel: *Die Scherben gemeinsam aufkehren*

Sicher wird es Ihnen nicht immer gelingen, alle diese Regeln einzuhalten, wenn Sie so richtig wütend sind. Aber in einer Familie, in der alle sich einigermaßen mögen, ist wohl auch jeder bereit, einen gelegentlichen Missgriff zu verzeihen. Sicher ist es am besten, wenn man noch einmal mit kühlem Kopf über das Ganze spricht. Jeder hat dann Gelegenheit, Dinge geradezurücken oder zurückzunehmen, die er nicht so gemeint hat. Wer danebengegriffen hat, kann sich dann entschuldigen. Vielen Menschen fällt das jedoch lausig schwer. Aber eine Umarmung, ein Blumenstrauß, eine Einladung zum Essen tut es auch. Man kann sich gegenseitig verzeihen, nach dem Motto: Dampf abgelassen, Problem geklärt, Schwamm drüber.

Dann sollte das Ganze aber auch nicht in der Kiste mit den alten Hüten landen, die bei späteren Gelegenheiten wieder und wieder hervorgekramt werden.

Nach einem erfolgreichen Streit verstehen Sie mehr von der Sichtweise und den Eigenheiten des anderen, er hat Ihre Sicht der Dinge und Ihre Gemütslage besser kennen gelernt, beide haben Sie es geschafft, ein Problem, das Ihre Beziehung belastete, zu lösen oder einer Lösung wenigstens näher zu bringen.

Erfolgreich ist ein Streit nicht nur, wenn Sie sich durchgesetzt haben. Er kann zum Beispiel auch mit einem Kompromiss enden oder damit, dass Sie nachgeben, weil Sie die Position der anderen jetzt besser verstehen.

Streit zwischen den Eltern

Jede dritte Ehe wird wieder geschieden. Wie viele unverheiratete Paare mit Kindern wieder auseinander gehen, wird gar nicht erst gezählt. Die Wahrscheinlichkeit, dass die Eltern Ihrer Enkelkinder Jahrzehnte friedlich zusammenleben werden, ist also nicht eben groß.

Trotzdem ist nicht jeder heftige Ehekrach gleich der Anfang einer Katastrophe. Im Gegenteil: Wenn Meinungsverschiedenheiten gleich ausgetragen werden, ist das besser, als wenn ein Partner lange alles schluckt und dazu schweigt und schließlich geht. Auch Streit gehört zu einer gut funktionierenden Partnerschaft.

Diesen Alltagsstreit lässt man die jungen Paare besser unter sich austragen. Einmischung tritt das Ganze unnötig breit.

Was aber können Großeltern tun, wenn sie von einem ernsthaften Zerwürfnis erfahren? Wahrscheinlich verursacht das einiges Durcheinander in ihren Gefühlen. Auf der einen Seite haben sie das Bedürfnis, ihren Sohn, ihre Tochter zu beschützen und zu unterstützen. Auf der anderen Seite ist ihnen wahrscheinlich selbst klar, dass das nicht gerade eine objektive Position ist.

Vielleicht möchte sich die Großmutter aber auch mit der Schwiegertochter gegen männliche Unarten verbünden, oder Großvater und Schwiegersohn gegen weibliche Tücke. Wie dem auch sei, es wird ihnen schwer fallen, sich objektiv zu verhalten, zu sehr stecken sie mit eigenen Gefühlen mittendrin.

Wirksame Hilfe können Großeltern wahrscheinlich nur leisten, wenn sie sich aus dem Inhalt des Streites möglichst heraushalten. Sie können beiden die Möglichkeit geben, sich auszusprechen, Verständnis für die eigene Kränkung zu finden, sich über die eigenen Gefühle und Wünsche klar zu werden. Sie können beiden gemeinsame Aussprachen anbieten, bei denen die Großeltern darauf achten, dass die Regeln der Fairness eingehalten werden und jeder sich dem anderen verständlich machen kann. Sie können helfen, Argumente zu sortieren, Lösungsmöglichkeiten vorschlagen. Lösen aber müssen die Streitenden das Problem allein. Wenn einer von ihnen das Gefühl hat, er sei nur überredet worden, dann taucht das gleiche Problem in absehbarer Zeit wieder auf.

Bei andauernden Zerwürfnissen sind immer auch die Kinder die Leidtragenden. Auch sie befinden sich in heftigen Gefühlskonflikten, weil sie in ihrer Zuneigung zu beiden Eltern hin und her gerissen werden. Da das Verhalten der Kinder ein besonders häufiger Anlass für Familienstreit ist, glauben viele Kinder, sie seien schuld daran, dass die Eltern nicht mehr miteinander auskommen, und leiden darunter sehr.

Auf keinen Fall sollten die Enkelkinder in einen solchen Dauerstreit als Spione oder Verbündete, als Unterhändler oder als Faustpfand hineingezogen werden. Es ist äußerst unfair, von ihnen eine eindeutige Stellungnahme für den einen, gegen den anderen zu verlangen. Die meisten Kinder lieben beide Eltern, neigen vielleicht jeweils dem zu, mit dem sie gerade umgehen, wollen aber den anderen nicht ganz verraten und verlieren. Eine eindeutige Parteinahme zwingt sie, einen Teil ihrer Gefühle zu verdrängen oder zu verbergen. So etwas zu verlangen ist Erpressung. Es nutzt die Angst der Kinder aus, nach einem Elternteil womöglich auch noch den anderen zu verlieren. Selbst wenn Eltern sich auf Dauer trennen, sollten ihre Kinder die Möglichkeit haben, wenn sie es wollen, Kontakt zu Vater und Mutter aufrechtzuerhalten, ohne dass ihnen das als Verrat angekreidet wird.

In turbulenten Zeiten können die Großeltern ein neutraler Ort sein, wo die Kinder Halt und Zuspruch finden, ein Ort, der fest bleibt, wenn der Boden unter ihnen zu schwanken scheint.

Sollten Eltern so sehr in ihren Auseinandersetzungen gefangen sein, dass sie das Wohl der Kinder dabei aus den Augen verlieren, ist es vielleicht besser, wenn die Kinder vorübergehend ganz von den Großeltern betreut werden, sofern das möglich ist.

Allerdings darf man nicht glauben, sie damit aus allem völlig heraushalten zu können. Kinder haben schon in sehr frühem Alter ein gutes Gespür für atmosphärische Störungen. Sie wissen, dass etwas nicht stimmt. Wenn sie so klein sind, dass sie noch nicht darüber reden können, reagieren sie oft mit Ess- oder Schlafstörungen, mit Unruhe oder Aggressivität.

Sobald man mit ihnen sprechen kann, benötigen sie ruhige Gespräche und ehrliche Auskünfte gegen die unterschwellige Angst und Unsicherheit.

Erst recht wenn Kinder leiden, weil Eltern mit ihrer Aufgabe überfordert sind, wenn der Vater die Familie misshandelt, wenn die Eltern die Kinder vernachlässigen oder schlagen, dürfen und müssen Großeltern eingreifen.

Eltern, die ihre Kinder misshandeln, tun das oft aus Hilflosigkeit. Sie haben berufliche oder finanzielle Probleme, haben durch Arbeitslosigkeit ihr ganzes Selbstbewusstsein verloren, zerfleischen sich in Ehekonflikten. Und die Großeltern schwanken zwischen Mitleid und wütenden Vorwürfen. Sie möchten ihren Kindern helfen oder doch nicht zusätzlich schaden, sie möchten aber auch die Enkel beschützen.

Wenn Großeltern allein nicht wissen, wie sie am besten helfen können, sollten sie sich Unterstützung bei einer Familienberatungsstelle holen, wie sie Stadtverwaltungen, freie Träger wie Caritas und Diakonisches Werk, Kinderschutzbund oder Arbeiterwohlfahrt, manchmal auch Universitäten anbieten. Wenn ihnen das besser erscheint, können sie sich auch anonym beraten lassen. Aber alle diese Stellen dürfen ohnehin nichts von dem, was ihnen anvertraut wird, an andere Stellen, zum

Beispiel Polizei, Gericht oder Jugendamt, weitergeben, wenn die Ratsuchenden das nicht wollen.

Endet so ein Ehekrieg mit einer Trennung, verlieren die Kinder oft nicht nur einen Elternteil, sondern auch ein Großelternpaar. Weil meistens der Kontakt zum Schwiegersohn, zur Schwiegertochter abgebrochen wird. Aber muss das so sein? Ihre Enkel bleiben Ihre Enkel, auch wenn Ihr Sohn oder Ihre Tochter den Kontakt zum Partner abbricht. Die Enkelkinder müssen aus so einem Kontaktabbruch doch schließen, dass sie ohne eigenes Zutun auf einmal nicht mehr liebenswert sind. Das tut weh! Kinder sind doch keine Pflanzen, die man aus Beziehungsgeflechten einfach so herausrupfen und woanders wieder einpflanzen kann. Es bleiben immer Verletzungen zurück.

Streit zwischen Eltern und Kindern

Manchmal beklagen sich Kinder heftig bei Oma und Opa über das Verhalten ihrer Eltern. Es ist schön für sie, wenn sie so einen »Seelenmülleimer« haben, in den sie auch mal Ungereimtes und Übertriebenes hineinwerfen dürfen, ohne dass das gleich böse Folgen hat. Wenn Oma oder Opa nur ruhig zuhört und sie ein bisschen bedauert, ist oft der größte Zorn schon verraucht.

Manchmal mag es für Großeltern verführerisch sein, aus dem Unmut der Enkel für sich selbst Kapital zu schlagen. Vielleicht hören sie die Klagen der Enkelin mit einer gewissen Häme an – siehste, das habe ich doch schon lange gesagt, dass sie so nicht reagieren dürfen – das haben sie nun davon!

Es ist sicher auch ein schönes Gefühl, bei der Enkelin mehr Vertrauen zu genießen als die Eltern. Aber es bekommt dem Zusammenleben nicht, wenn Großeltern sich in einen solchen generationsübergreifenden Konkurrenzkampf einlassen. Es ist auch nicht unbedingt ihr Verdienst. In der Pubertät zum Beispiel legen sich fast alle Jugendlichen mit ihren Eltern an. Da passiert es schnell, dass sie Oma erzählen, wie spießig die sind, wie ätzend, wie total altmodisch. Aber wenn Oma dann stolz darauf ist, weniger altmodisch zu sein, ist das ein recht billiger Sieg.

Das Kind in seinem Ärger zu bedauern, muss nicht heißen, den Eltern Fehler zu unterstellen, ihnen Schuld zuzuschieben. Die Großeltern können auch versuchen, den Enkeln die Sichtweise und Seelenlage ihrer Eltern besser verständlich zu machen und auf diese Weise eine Vermittlerrolle einzunehmen. Auf jeden Fall sollten die Kinder am Verhalten der Großeltern merken, dass die sich bemühen, allen gerecht zu werden, niemanden vorschnell zu verurteilen. Nicht das Kind, auch nicht Vater oder Mutter.

Sicher dürfen die Enkel und Sie gelegentlich ein Geheimnis miteinander teilen, auch mal eine kleine Kriegslist aushecken, um die Eltern gnädig zu stimmen. Großeltern dürfen das Vertrauen der Kinder nicht enttäuschen, indem sie etwas, was sie erfahren haben, heimlich, aber postwendend an die Eltern weitergeben. Kinder sind nicht das Eigentum ihrer Eltern, sondern eigenständige Persönlichkeiten, zu denen die Großeltern auch eine eigenständige Beziehung aufbauen. Je älter das Enkelkind wird, desto mehr steht das im Vordergrund.

Großeltern müssen nicht alles weitersagen, was sie erfahren, aber sie sollten nicht den Enkeln zuliebe lügen. Denn damit geben sie ein schlechtes Beispiel. Besser ist, wenn allen in der Familie in schwierigen Situationen die Antwort erlaubt ist: »Darüber möchte ich nicht reden.« Dann ist es leichter, wenn man doch etwas sagt, auch die Wahrheit zu sagen.

Manchmal freilich bringen Kinder ihre Großeltern mit Geheimnissen, die sie ihnen anvertrauen, in Gewissenskonflikte.

Dürfen sie für sich behalten, dass der Enkel seit Wochen die Schule schwänzt? Dass die fünfzehnjährige Enkelin sich heillos in einen verheirateten Mann verliebt hat und sich heimlich mit ihm trifft?

Wenn die Großeltern meinen, es wäre besser, das, was ihnen anvertraut wird, mit den Eltern zu besprechen, sollten sie das Kind davon zu überzeugen versuchen und um sein Einverständnis bitten.

Ihr Verhalten in solchen Konflikten ist dem Kind Modell dafür, wie man fair, vertrauens- und achtungsvoll miteinander umgeht. Es wird seinerseits Eltern und Großeltern eher so behandeln, wie es von ihnen behandelt wird. Ein solcher Umgangsstil ist letztlich von Vorteil für alle.

Reime und Lieder

Können Sie noch singen? Lange nicht probiert? Sie müssen keine große Sängerin, kein großer Sänger sein, um Ihr Enkelkind zu erfreuen, der Spaß an der Freud genügt. Und sicher schwirren auch noch in Ihrem Gedächtnis allerlei Liedchen herum, oder auch nur Teile davon, die Vater oder Mutter, Oma oder Opa mit Ihnen gesungen haben.

Geht es Ihnen auch so? Oft wird einem bei diesen alten Liedchen und Versen ganz warm ums Herz, obwohl manche der Texte, nüchtern betrachtet, nicht gerade große Literatur, manchmal sogar etwas fragwürdig sind. Zum Beispiel die *Zehn kleinen Negerlein* – die habe ich dann doch lieber weggelassen.

Möchten Sie nicht auch Ihrem Enkelkind so eine warme Erinnerung an die Kindheit mitgeben? Dann singen Sie mit ihm. Dazu noch ein bisschen zu schunkeln und zu tanzen hebt die Freude, denn Kinder bewegen sich sehr gern zu Musik und Rhythmus. Einmal hin, einmal her ...

Viele der alten Liedchen verbinden das Singen mit Bewegungen – ob nur mit den Fingern gewackelt wird, das Häschen aus der Grube hüpft oder der Hoppe-Hoppe-Reiter vom Pferd fällt.

Ich habe einige solcher Liedchen, Spiele, Kinderreime gesammelt, an die ich mich selbst noch erinnere, die mir meine Mutter aufgeschrieben hat, die ich irgendwo abgedruckt fand.

Womöglich sind Ihre Lieblingslieder nicht darunter, aber vielleicht fallen sie Ihnen beim Lesen der anderen wieder ein.

Manches, was in diesen Texten vorkommt, ist heutigen Kindern fremd – säen und eggen, volle Scheunen, Füchse in Hühnerställen – Worte, die nicht mehr gebräuchlich sind. Aber das macht nichts. Den Kleinen ist das egal, und dem Größeren, das darüber stolpert, können Sie es ja erklären. Oder Sie ändern den Text einfach ab.

Vieles von dem, was ich gesammelt habe, werden Sie wieder erkennen. Erinnerungen an die eigene Kindheit werden auftauchen, an gemütliche Schummerstunden oder allerlei fröhlichen Unsinn. Wir hatten damals keinen Kassettenrekorder und kein Fernsehen, deshalb haben die Erwachsenen uns mit solchen Spielchen unterhalten. Aber ich glaube, auch die Kinder von heute, vor allem die kleinen, wissen Spiel und Spaß mit Oma und Opa zu schätzen – das ersetzt keine Kassette und kein Fernsehprogramm.

Wenn Sie den Text eines Liedes lesen, wird sich oft auch die Melodie wieder einstellen. Und wenn nicht – denken Sie sich doch einfach eine neue aus.

Oder wenn Sie bei den kleinen Spielen nicht mehr genau wissen, ob man dabei in die Hände klatscht oder mit den Füßen stampft – was macht das schon? Machen Sie es, wie es Ihnen und Ihrem Enkelkind gefällt. Hauptsache, Sie haben Ihren Spaß dabei.

Unübertroffen in ihrer Wirksamkeit sind nach wie vor Schlaflieder. Es soll Krankenhäuser geben, in denen man auf das großzügige Verteilen von Schlafmitteln verzichtet, stattdessen Schlaflieder durch die hauseigene Radioanlage schickt und großen Erfolg damit hat.

Schlaflieder beruhigen auch die eigenen Nerven, wenn man selbst die Nase voll hat und sich einen ruhigen Feierabend wünscht. Aber schlafen Sie bloß nicht vor dem Kind ein!

Schlaflieder

Bald wird es wieder Nacht

Bald wird es wieder Nacht, ja wieder Nacht,
mein Bettlein ist gemacht.
Drein will ich mich legen, wohl mit Gottes Segen,
weil er die ganze Nacht, die ganze Nacht,
gar treulich mich bewacht.

Dann schlaf ich ruhig ein, ja ruhig ein, ganz sicher kann ich sein.
Die Englein gelinde komm'n vom Himmel geschwinde
und decken sanft mich zu, ja sanft mich zu
und schützen meine Ruh.

Und wird's dann wieder hell, ja wieder hell,
dann wecken sie mich schnell.
Dann spring ich so munter vom Bettlein hinunter,
hab Dank, Gottvater du, Gottvater du, Ihr Englein auch dazu.

Die Blümelein, sie schlafen

Die Blümelein, sie schlafen schon längst im Mondenschein.
Sie nicken mit den Köpfchen auf ihren Stängelein.
Es rüttelt sich der Blütenbaum, er säuselt wie im Traum.
Schlafe, schlafe, schlaf ein, mein Kindelein.

Die Vögelein, sie sangen so süß im Sonnenschein.
Sie sind zur Ruh' gegangen in ihre Nestchen klein.
Das Heimchen in dem Ährengrund, es tut allein sich kund.
Schlafe, schlafe, schlaf ein, mein Kindelein.

Sandmännchen kommt geschlichen und schaut ins Fensterlein,
ob irgendwo ein Kindchen nicht mag zu Bette sein.
Und wo er noch ein Kindlein fand, streut er ins Aug' ihm Sand.
Schlafe, schlafe, schlaf ein, mein Kindelein.

Guten Abend, gut' Nacht

Guten Abend, gut' Nacht, mit Rosen bedacht,
mit Näglein besteckt, schlupf unter die Deck.
Morgen früh, wenn Gott will, wirst du wieder geweckt.
(Näglein meint hier Nelken)

Guten Abend, gut' Nacht, von Englein bewacht,
die zeigen im Traum dir Christkindleins Baum.
Schlafe selig und süß, schau im Traum 's Paradies.

Kindlein mein

Kindlein mein, schlaf nur ein, weil die Sternlein kommen.
Und der Mond kommt auch schon wieder angeschwommen.
Eia Wieglein, Wieglein mein, schlaf mein Kindlein, schlafe ein.

Leise, Peterle, leise

Leise, Peterle, leise, der Mond geht auf die Reise,
er hat sein weißes Pferd gezäumt,
das geht so leis', als ob es träumt.
Leise, Peterle, leise.

Stille, Peterle, stille, der Mond hat eine Brille.
Ein weißes Wölkchen schob sich vor,
das sitzt ihm grad auf Nas' und Ohr.
Stille, Peterle, stille.

Träume, Peterle, träume, der Mond guckt durch die Bäume.
Ich glaube gar, jetzt bleibt er steh'n,
um Peterle im Schlaf zu seh'n.
Träume, Peterle, träume.

Müde bin ich, geh zur Ruh'

Müde bin ich, geh zur Ruh', schließe beide Äuglein zu.
Vater, lass die Augen dein über meinem Bette sein.

Alle, die mir sind verwandt, Herr, lass ruh'n in deiner Hand.
Alle Menschen groß und klein sollen dir empfohlen sein.

Hab ich Unrecht heut getan, sieh es, lieber Gott, nicht an.
Deine Gnad und Jesu Blut macht ja allen Schaden gut.

Schlaf, Herzenssöhnchen

Schlaf, Herzenssöhnchen, mein Liebling bist du.
Schließe die blauen Guckäugelein zu.
Alles ist ruhig und still wie im Grab,
Schlaf nur, ich wehre die Fliegen dir ab.

Schlaf, Herzenssöhnchen, 's ist goldene Zeit.
Später, ach, später ist's nicht mehr wie heut.
Stellen erst Sorgen ums Lager sich her,
Söhnchen, dann schläft sich's so ruhig nicht mehr.

Schlaf, Herzenssöhnchen, und kommt erst die Nacht,
sitzt doch die Mutter am Bettchen und wacht.
Sei es so spät oder sei es so früh,
Mutter, lieb's Herzchen, vergisst dich doch nie.

Schlaf, Kindchen schlaf

Schlaf, Kindchen, schlaf, der Vater hütet die Schaf.
Die Mutter schüttelt 's Bäumelein, da fällt herab ein Träumelein,
schlaf, Kindchen, schlaf.

Schlaf, Kindchen, schlaf, am Himmel zieh'n die Schaf.
Die Sternlein sind die Lämmerlein, der Mond der ist das Schäferlein,
schlaf, Kindchen, schlaf.

Schlaf, Kindchen schlaf. Geh fort und hüt' die Schaf.
Geh fort, du kleines Hündelein, und weck mir nicht mein Kindelein,
schlaf, Kindchen schlaf.

Weißt du, wie viel Sternlein stehen

Weißt du, wie viel Sternlein stehen an dem blauen Himmelszelt?
Weißt du, wie viel Wolken gehen weithin über alle Welt?
Gott der Herr hat sie gezählt, dass ihm auch nicht eines fehlet
an der ganzen großen Zahl.

Weißt du, wie viel Mücklein spielen in der heißen Sonnenglut,
wie viel Fischlein auch sich kühlen in der kalten Wasserflut?
Gott der Herr rief sie mit Namen, dass sie all' ins Leben kamen,
dass sie nun so fröhlich sind.

Weißt du, wie viel Kindlein frühe steh'n aus ihren Bettchen auf,
dass sie ohne Sorg' und Mühe fröhlich sind im Tageslauf?
Gott im Himmel hat an allen seine Lust, sein Wohlgefallen,
kennt auch dich und hat dich lieb.

Wilhelm Hey

Wer hat die schönsten Schäfchen

Wer hat die schönsten Schäfchen, die hat der gold'ne Mond,
der hinter unsern Bäumen am Himmel droben wohnt.

Er kommt am späten Abend, wenn alles schlafen will,
hervor aus seinem Hause zum Himmel leis und still.

Dann weidet er die Schäfchen auf seiner blauen Flur,
denn all die gold'nen Sterne sind seine Schäfchen nur.

Sie tun sich nichts zuleide, hat eins das andre gern,
denn Schwestern sind und Brüder da oben Stern an Stern.

Und soll ich dir eins bringen, dann darfst du niemals schrei'n,
musst freundlich wie die Schäfchen und wie ihr Schäfer sein.

Hoffmann von Fallersleben

Kinderlieder

A B C, die Katze lief in 'n Schnee

A B C, die Katze lief in 'n Schnee.
Und als sie wieder raus kam, da hat sie weiße Höschen an.
Oh jemine, oh jemine, oh jemine, oh je.

A B C, die Katze lief zur Höh.
Sie leckt die kalten Pfötchen rein und putzt sich auch das Höselein
und geht nicht mehr, und geht nicht mehr, und geht nicht mehr in
'n Schnee.

Alle meine Entchen

Alle meine Entchen schwimmen auf dem See,
Köpfchen in das Wasser, Schwänzchen in die Höh.

Alle Vögel sind schon da

Alle Vögel sind schon da, alle Vögel alle.
Welch ein Singen, Musizier'n, Pfeifen, Zwitschern, Tirilier'n.
Frühling will nun einmarschier'n, kommt mit Sang und Schalle.

Wie sie alle lustig sind, flink und froh sich regen.
Amsel, Drossel, Fink und Star, und die ganze Vogelschar
wünschen dir ein frohes Jahr, lauter Heil und Segen.

Was sie uns verkünden tun, nehmen wir zu Herzen.
Wir auch wollen lustig sein, lustig wie die Vögelein,
hier und da, feldaus, feldein singen, springen, scherzen.

Auf der Mauer, auf der Lauer

Auf der Mauer, auf der Lauer sitzt 'ne kleine Wanze.
Auf der Mauer, auf der Lauer sitzt 'ne kleine Wanze.
Seht euch nur die Wanze an, wie die Wanze tanzen kann.
auf der Mauer, auf der Lauer sitzt 'ne kleine Wanze.

(In den folgenden Strophen wird das Wort Wanze jeweils um einen
Buchstaben reduziert, bis nur noch eine bedeutungsvolle Pause übrig
bleibt, und dann entsprechend wieder aufgebaut.)

Auf einem Baum ein Kuckuck

Auf einem Baum ein Kuckuck, simsalabimbambasaladusaladim,
auf einem Baum ein Kuckuck saß.
Es regnet sehr und er ward – simsalabimbambasaladusaladim –
es regnet sehr, und er ward nass.

Da kam ein junger Jäger, simsalabimbambasaladusaladim,
da kam ein junger Jägersmann,
der schoss den armen Kuckuck – simsalabimbambasaladusaladim –
der schoss den armen Kuckuck tot.

Doch als ein Jahr vergangen, simsalabimbambasaladusaladim,
doch als ein Jahr vergangen war,
da war der Kuckuck wieder – simsalabimbambasaladusaladim –
da war der Kuckuck wieder da!

Backe, backe Kuchen

Backe, backe Kuchen, der Bäcker hat gerufen.
Wer will guten Kuchen backen, der muss haben sieben Sachen:
Eier und Schmalz, Zucker und Salz,
Milch und Mehl, Safran macht den Kuchen gel. (d.h. gelb)
Schieb, schieb in 'n Ofen rein.

Bruder Jakob

Bruder Jakob, Bruder Jakob, schläfst du noch? Schläfst du noch?
Hörst du nicht die Glocken, hörst du nicht die Glocken,
ding dang dong, ding dang dong.

Ein Männlein steht im Walde

Ein Männlein steht im Walde ganz still und stumm.
Es hat von lauter Purpur ein Mäntlein um.
Sagt, wer mag das Männlein sein, das da steht im Wald allein
mit dem purpurroten Mäntelein?

Das Männlein steht im Walde auf einem Bein.
Es hat auf seinem Haupte schwarz Käpplein klein.
Sagt, wer mag das Männlein sein, das da steht im Wald allein,
mit dem kleinen schwarzen Käppelein?

Hoffmann von Fallersleben

(Lösung: Das Männlein dort auf einem Bein mit seinem roten Mäntelein und seinem schwarzen Käppelein kann nur die Hagebutte sein!)

Es klappert die Mühle am rauschenden Bach

Es klappert die Mühle am rauschenden Bach, klippklapp.
Bei Tag und bei Nacht ist der Müller stets wach, klippklapp.
Er mahlet das Korn für das tägliche Brot,
und haben wir dieses, dann hat's keine Not,
klippklapp, klippklapp, klippklapp.

Flink laufen die Räder und drehen den Stein, klippklapp,
und mahlen den Weizen zu Mehl uns so fein, klippklapp.
Der Bäcker dann Zwieback und Kuchen draus bäckt,
der immer uns Kindern besonders gut schmeckt,
klippklapp, klippklapp, klippklapp.

Es regnet, es regnet

Es regnet, es regnet, die Erde wird nass.
Wir sitzen im Trocknen, was schadet uns das.
Mairegen bringt Segen, und werden wir nass,
dann wachsen wir tüchtig, wie Blumen und Gras.

Es regnet, es regnet, es regnet seinen Lauf.
Und wenn's genug geregnet hat, dann hört es wieder auf.

Fuchs, du hast die Gans gestohlen

Fuchs, du hast die Gans gestohlen,
gib sie wieder her, gib sie wieder her,
sonst wird dich der Jäger holen mit dem Schießgewehr,
sonst wird dich der Jäger holen mit dem Schießgewehr.

Seine große, lange Flinte schießt auf dich den Schrot,
schießt auf dich den Schrot,
dass dich färbt die rote Tinte, und dann bist du tot,
dass dich färbt die rote Tinte, und dann bist du tot.

Liebes Füchslein, lass dir raten, sei doch nur kein Dieb,
sei doch nur kein Dieb,
nimm doch statt mit Gänsebraten mit der Maus vorlieb,
nimm doch statt mit Gänsebraten mit der Maus vorlieb.

Gestern Abend ging ich aus

Gestern Abend ging ich aus, ging wohl in den Wald hinaus.
Saß ein Häslein hinterm Strauch, guckt mit seinen Äuglein raus.
Armes Häslein, bist du krank, dass du nicht mehr hüpfen kannst?

Bist du nicht der Jägersmann, legst auf mich die Flinte an.
Wenn dein Windspiel mich ertappt, hast du Jäger mich geschnappt.
Wenn ich an mein Schicksal denk, ich mich recht von Herzen kränk.

Armes Häslein, bist so blass, geh dem Bauern nicht mehr ins Gras.
Geh dem Bauern nicht mehr ins Kraut,
sonst bezahlst 's mit deiner Haut.
Sparst dir manche Müh und Pein, kannst mit Lust ein Häslein sein.

Große Uhren gehen tick tack

Große Uhren gehen tick tack tick tack,
kleine Uhren gehen ticktack ticktack ticktak ticktack,
und die kleinen Taschenuhren ticketacke ticketacke ticketacke tick.

Hänschen klein

Hänschen klein ging allein in die weite Welt hinein.
Stock und Hut stehn ihm gut, er ist wohlgemut.
Aber Mama weinet sehr, hat ja nun kein Hänschen mehr.
Da besinnt sich das Kind, eilt nach Haus geschwind.

Hol Wasser, du dumme Liese

Hol Wasser, du dumme Liese, dumme Liese, dumme Liese,
hol Wasser, du dumme Liese, dumme Liese, hol Wasser!

Womit soll ich denn aber Wasser holen, lieber Heinrich, lieber
Heinrich,
womit soll ich denn aber Wasser holen, lieber Heinrich, womit?

(weiter nach dem gleichen Muster:)

Mit dem Topf, dumme, dumme Liese, ... mit dem Topf.
Wenn der Topf aber nun ein Loch hat, lieber Heinrich, ... was
dann?
Stopf's zu, dumme, dumme Liese, ... stopf's zu.
Womit soll ich es denn aber zustopfen, lieber Heinrich, ... womit?
Mit Stroh, dumme, dumme Liese, dumme Liese, ... mit Stroh.
Wenn das Stroh aber nun zu lang ist, lieber Heinrich, ... was dann?

Schneid 's ab, dumme, dumme Liese, dumme Liese, ... schneid 's ab.
Womit soll ich es denn aber abschneiden, lieber Heinrich, ... womit?
Mit dem Messer, du dumme Liese, dumme Liese,
... mit dem Messer.
Wenn das Messer aber nun zu stumpf ist, lieber Heinrich,
... was dann?
Mach 's scharf, dumme, dumme Liese, ... mach 's scharf.
Womit soll ich es denn aber scharf machen, lieber Heinrich,
... womit?
Mit dem Stein, dumme, dumme Liese, ..., mit dem Stein.
Wenn der Stein aber nun zu trocken ist, lieber Heinrich, ... was dann?
Mach ihn nass, dumme, dumme Liese, ..., mach ihn nass.
Womit soll ich ihn denn aber nass machen, lieber Heinrich,
... womit?
Mit Wasser, du dumme Liese, ... mit Wasser.
Womit soll ich denn aber Wasser holen, lieber Heinrich, ... womit?
Mit dem Topf, dumme, dumme Liese, ... mit dem Topf!
Wenn der Topf aber nun ein Loch hat???

Hopp, hopp, hopp, Pferdchen lauf Galopp

Hopp, hopp, hopp, Pferdchen lauf Galopp.
Über Stock und über Steine,
aber brich dir nicht die Beine.
Hopp, hopp, hopp, Pferdchen lauf Galopp.

Tipp, tipp, tapp, wirf mich nur nicht ab.
Zähme deine wilden Triebe,
Pferdchen, tu es mir zuliebe.
Tipp, tipp, tapp, wirf mich nur nicht ab.

Brr, brr, brr, steh doch, Pferdchen steh.
Sollst schon heut noch weiterspringen,
muss dir nur erst Futter bringen.
Brr, brr, brr, steh doch, Pferdchen steh.

Ha, ha ha, juchhe, nun sind wir da.
Diener, Diener, liebe Mutter,
findet auch mein Pferdchen Futter?
Ha, ha ha, juchhe, nun sind wir da.

Im Märzen der Bauer

Im Märzen der Bauer die Rösslein einspannt.
Er setzt seine Felder und Wiesen instand.
Er pflüget den Boden, er egget und sät
und rührt seine Hände frühmorgens und spät.

Die Bäu'rin, die Mägde, die dürfen nicht ruh'n,
sie haben im Haus und im Garten zu tun.
Sie graben und rechen und singen ein Lied,
und freu'n sich, wenn alles schön grünet und blüht.

Und ist dann der Frühling und Sommer vorbei,
dann füllet die Scheuer der Herbst wieder neu.
Und ist voll die Scheuer, voll Keller und Haus,
dann gibt 's auch im Winter manch fröhlichen Schmaus.

Kommt ein Vogel geflogen

Kommt ein Vogel geflogen, setzt sich nieder auf mein'n Fuß,
trägt ein'n Zettel im Schnabel, von der Mutter einen Gruß.

Lieber Vogel, fliege weiter, nimm ein'n Gruß mit und ein'n Kuss,
denn ich kann dich nicht begleiten, weil ich hier bleiben muss.

Kuckuck, Kuckuck ruft 's aus dem Wald

Kuckuck, Kuckuck ruft 's aus dem Wald.
Lasset uns singen, tanzen und springen,
Frühling, Frühling wird es nun bald.

Kuckuck, Kuckuck lässt nicht sein Schrei'n.
Fliegt in die Wälder, Wiesen und Felder,
Frühling, Frühling, stelle dich ein.

Oh du lieber Augustin

Oh du lieber Augustin, Augustin, Augustin,
oh du lieber Augustin, alles ist hin.
Hut ist weg, Stock ist weg, Augustin liegt im Dreck.
Oh du lieber Augustin, alles ist hin.

Put put put ihr Hühnerchen

Put put put ihr Hühnerchen, was habt ihr denn getan,
was habt ihr denn getan?
Fast seit einer Stunde schon fehlt euer lieber Hahn,
fast seit einer Stunde schon fehlt euer lieber Hahn.

Hähnchen ist auf 's Dach geflogen, ins Bodenloch hinein,
ins Bodenloch hinein,
da schlug der Wind die Türe zu, gefangen muss es sein,
da schlug der Wind die Türe zu, gefangen muss es sein.

Doch nach einer Stunde schon ging wieder auf die Tür,
ging wieder auf die Tür,
put put put ihr Hühnerchen, nun bin ich wieder hier,
put put put ihr Hühnerchen, nun bin ich wieder hier.

Rirarutsch, wir fahren mit der Kutsch

Rirarutsch, wir fahren mit der Kutsch.
Wir fahren mit der Eisenbahn, Vater steckt die Pfeife an.
Rirarutsch, wir fahren in der Kutsch.

Rirarutsch, wir fahren mit der Kutsch.
Wir fahren mit der Schneckenpost, die uns keinen Heller kost't.
Rirarutsch, wir fahren mit der Kutsch.

Spannenlanger Hansel, nudeldicke Dirn

Spannenlanger Hansel, nudeldicke Dirn,
geh'n wir in den Garten, schütteln wir die Birn'.
Schüttelst du die großen, schüttel ich die klein',
wenn das Säcklein voll ist, gehn wir wieder heim.

Lauf doch nicht so närrisch, spannenlanger Hans,
ich verlier die Birnen und die Schuh noch ganz.
Trägst ja nur die kleinen, nudeldicke Dirn,
und ich schlepp den schweren Sack mit den großen Birn'.

Schneeflöcken, Weißröckchen

Schneeflöcken, Weißröckchen, nun kommst du geschneit.
Du kommst aus den Wolken, dein Weg ist so weit.

Komm setz dich ans Fenster, du lieblicher Stern,
malst Blumen und Blätter, wir haben dich gern.

Schneeflöckchen, Weißröckchen, du Wintervöglein,
willkommen, willkommen bei groß und bei klein.

Summ, summ, summ, Bienchen summ herum

Summ, summ, summ, Bienchen summ herum.
Ei, wir tun dir nichts zuleide, flieg nur aus in Wald und Heide.
Summ, summ, summ, Bienchen summ herum.

Summ, summ, summ, Bienchen summ herum.
Such in Blumen, such in Blümchen hier ein Tröpfchen,
da ein Krümchen.
Summ, summ summ, Bienchen summ herum.

Summ, summ, summ, Bienchen summ herum.
Kehre heim mit reicher Habe, bau uns manche volle Wabe.
Summ, summ, summ, Bienchen summ herum.

Suse, liebe Suse, was raschelt im Stroh?

Suse, liebe Suse, was raschelt im Stroh?
Das sind die lieben Gänschen, die haben keine Schuh.
Der Schuster hat 's Leder, keinen Leisten dazu,
drum gehn die Gänschen barfuß und haben keine Schuh.

Trarira, der Sommer, der ist da!

Trarira, der Sommer, der ist da!
Wir wollen in den Garten, woll'n auf den Sommer warten.
Ja, ja, ja, der Sommer, der ist da.

Trarira, der Sommer, der ist da.
Wir wollen hinter die Hecken und woll'n den Sommer wecken.
Ja, ja, ja, der Sommer der ist da.

Trarira, der Sommer, der ist da.
Der Sommer hat gewonnen, der Winter hat verloren.
Ja, ja, ja, der Sommer, der ist da.

Und wenn du meinst, ich lieb dich nicht

Und wenn du meinst, ich lieb dich nicht, und treib mit dir nur Scherz,
dann zünde ein Laternchen an und leuchte mir ins Herz.

Unsre Katz heißt Mohrle

Unsre Katz heißt Mohrle, hat ein schwarzes Ohrle,
Augen, die sind grün.
Und wenn wir abends schlafen gehn, dann fangen sie an zu glühn.

Vöglein im hohen Baum

Vöglein im hohen Baum, klein ist 's, man sieht es kaum,
singt doch so schön,
dass alle Leute gern kommen von nah und fern,
lauschen und stehn, lauschen und stehn.

Ward ein Blümchen mir geschenket

Ward ein Blümchen mir geschenket,
hab 's gepflanzt und hab 's getränket.
Vöglein kommt und gebet acht, gelt, ich hab es recht gemacht?

Sonne, lass mein Blümchen sprießen,
Wolke, komm, es zu begießen.
Richt empor dein Angesicht, liebes Blümlein, fürcht dich nicht!

Und ich kann es kaum erwarten,
täglich geh ich in den Garten.
Täglich frag ich: Blümlein, sprich! Blümlein, bist du bös auf mich?

Sonne ließ mein Blümchen sprießen,
Wolke kam, es zu begießen.
Jedes hat sich brav bemüht, und mein liebes Blümchen blüht.

Wie 's vor lauter Freude weinet!
Freut sich, dass die Sonne scheinet.
Schmetterlinge, fliegt herbei, sagt ihm doch, wie schön es sei.

Hoffmann von Fallersleben

Wenn ich ein Vöglein wär

Wenn ich ein Vöglein wär und auch zwei Flügel hätt',
flög' ich zu dir.
Weil 's aber nicht kann sein, weil 's aber nicht kann sein,
bleib' ich all hier.

Wiedele, wedele, hinterm Städtele

Wiedele, wedele, hinterm Städtele hält der Bettelmann Hochzeit,
wiedele, wedele, hinterm Städtele hält der Bettelmann Hochzeit.
Pfeift das Mäusele, tanzt das Läusele, schlägt das Igele Trommel.
Alle Tiere, die Wedele haben, sind zur Hochzeit gekommen.

Winter ade

Winter ade, Scheiden tut weh.
Aber dein Scheiden macht, dass mir das Herze lacht.
Winter ade, Scheiden tut weh.

Winter ade, Scheiden tut weh.
Gerne vergess ich dein, magst immer ferne sein.
Winter ade, Scheiden tut weh.

Winter ade, Scheiden tut weh.
Gehst du nicht bald nach Haus, lacht dich der Kuckuck aus.
Winter ade, Scheiden tut weh.

Reime

Die Schnecke hat ein Haus

Die Schnecke hat ein Haus, ein Fellchen hat die Maus.
Der Vogel hat die Federn sein, der Falter bunte Flügelein.
Nun sag einmal, was hast denn du?
Ich habe Kleider und auch Schuh!

Eine kleine Dickmadam

Eine kleine Dickmadam fuhr mal mit der Eisenbahn.
Eisenbahn, die krachte, Dickmadam, die lachte.

Gretel, Pastetel

Gretel, Pastetel, was machen die Gäns?
Sie sitzen im Wasser und waschen die Schwänz.

Hans, mein Sohn, was machst du da?

Hans, mein Sohn, was machst du da?
Vater, ich studiere.
Hans, mein Sohn, das kannst du nicht.
Vater, ich probiere.

Heile, heile Segen

Heile, heile Segen, morgen gibt es Regen,
übermorgen Sonnenschein, soll alles wieder heile sein.

Variante:
Heile, heile Segen, sieben Tage Regen.
Sieben Tage Schnee, es tut schon nicht mehr weh.

Ich heiß Peter, du heißt Paul

Ich heiß Peter, du heißt Paul,
ich bin fleißig, du bist faul.

Lirum, larum, Löffelstiel

Lirum, larum, Löffelstiel,
wer nichts lernt, der kann nicht viel.

Ich war mal in 'nem Dorfe

Ich war mal in 'nem Dorfe, da gab es einen Sturm,
da zankten sich fünf Hühnerchen um einen Regenwurm.
Und als kein Wurm mehr war zu seh'n, da sagten alle piep,
da hatten die fünf Hühnerchen einander wieder lieb.

Icke, dette, kieke ma

Icke, dette, kieke ma, Oogen, Fleesch und Beene.
Wenn de döst, valierst de se, wieda kriegst de keene.

Meine Mi, meine Ma, meine Mutter schickt mich her

Meine Mi, meine Ma, meine Mutter schickt mich her,
ob der Ki, ob der Ka, ob der Kuchen fertig wär.
Wenn er ni, wenn er na, wenn er noch nicht fertig wär,
käm ich mi, käm ich ma, käm ich morgen wieder her.

Mein Häuschen ist nicht ganz gerade

Mein Häuschen ist nicht ganz gerade – ist das aber schade!
Mein Häuschen ist ein bisschen krumm – ist das aber dumm!
Hui, da pfeift der Wind hinein, bautz, da fällt mein Häuschen ein.

Nu weene ma nich

Nu weene ma nich, nu weene ma nich,
im Ofen steh'n Klöße, die siehste bloß nich!

Petze, petze ging in 'n Laden

Petze, petze ging in 'n Laden, wollt für 'n Sechser Käse haben.
Sechser-Käse gibt es nich, Petze, Petze ärgert sich.

Pumpernickels Hänschen

Pumpernickels Hänschen saß am Ofen und schlief.
Da brannten seine Höschen an, potztausend, wie er lief!

Regen, Regen, Tröpfele

Regen, Regen, Tröpfele,
es regnet auf mein Köpfele.
Es regnet in das grüne Gras, da werden meine Füße nass.

Sechs mal sechs ist sechsunddreißig

Sechs mal sechs ist sechsunddreißig, und die Kinder sind so fleißig,
und der Lehrer ist so faul wie ein alter Droschkengaul.

Weißt du was

Weißt du was, wenn 's regnet, wird 's nass.
Wenn 's schneit, wird 's weiß.
Du bist ein kleiner Naseweis.

Fingerspiele

Da hast 'nen Taler

Da hast 'nen Taler, geh auf den Markt, kauf dir 'ne Kuh,
ein Kälbchen dazu. Das Kälbchen hat ein Schwänzchen,
kille kille Wänzchen.

Das ist der Daumen

Das ist der Daumen, der schüttelt die Pflaumen,
der sammelt sie auf, der trägt sie nach Haus,
und der Klitzekleine isst sie alle auf.

Der ist in den Teich gefallen

Der ist in den Teich gefallen, der hat ihn herausgeholt,
der hat ihn ins Bett gesteckt, der hat ihn zugedeckt.
Und der kleine Schelm hat ihn wieder aufgeweckt.

Himpelchen und Pimpelchen

Himpelchen und Pimpelchen stiegen auf einen Berg.
Himpelchen war ein Heinzelmann und Pimpelchen war ein Zwerg.
Sie blieben lange da oben sitzen und wackelten mit den Zipfelmützen.
Doch nach fünfunddreißig Wochen sind sie in den Berg gekrochen.
Da schlafen sie in tiefer Ruh. Sei mal still und hör mal zu ...

(Die beiden Daumen steigen auf die zum Berg gefalteten Hände
und kriechen schließlich hinein. Das Kind hört sie laut schnarchen.)

Kommt ein Mann die Treppe rauf

Kommt ein Mann die Treppe rauf – wo wohnt der Doktor?
Eine Treppe höher.
Kommt ein Mann die Treppe rauf – wo wohnt der Doktor?
Eine Treppe höher.
Kommt ein Mann die Treppe rauf – klingelingeling, klopf klopf
klopf, guten Tag, Herr Doktor!

(Man klettert mit den Fingern von der Hand des Kindes bis zum Ellbogen, bis zur Schulter, klingelt am Ohr, klopft an die Stirn, sagt an der Nase »Guten Tag«.)

Zehn kleine Zappelmänner

Zehn kleine Zappelmänner tanzen auf und nieder.
Zehn kleine Zappelmänner tun das immer wieder.
Zehn kleine Zappelmänner tanzen hin und her,
zehn kleinen Zappelmännern fällt das gar nicht schwer.
Zehn kleine Zappelmänner spielen jetzt Versteck,
zehn kleine Zappelmänner sind auf einmal weg.

Schoß- und Ringelspiele

Die Tiroler sind lustig

Die Tiroler sind lustig,
die Tiroler sind froh,
sie verkaufen ihr Häuschen und tanzen dann so:
Erst dreht sich das Weibchen,
dann dreht sich der Mann,
dann drehn sie sich beide und fassen sich an.

Es tanzt eine Zipfelmütz

Es tanzt eine Zipfelmütz in unserm Kreis herum, widebum,
es tanzt eine Zipfelmütz in unserm Kreis herum.
Dreimal drei ist neune, ihr wisst ja, wie ich 's meine.
Dreimal drei und eins ist zehn, Zipfelmütz bleib steh'n, bleib steh'n.
Sie rütteln sich, sie schütteln sich, sie werfen die Beine hinter sich.
Sie klatschen in die Hand, wir beide sind verwandt.

Häslein in der Grube

Häslein in der Grube, saß und schlief.
Armes Häslein, bist du krank, dass du nicht mehr hüpfen kannst?
Häslein hüpf! Häslein hüpf, Häslein hüpf!

Hoppe hoppe Reiter

Hoppe hoppe Reiter, wenn er fällt, dann schreit er.
Fällt er in den Graben, fressen ihn die Raben.
Fällt er in den Sumpf, macht der Reiter plumps.

Jakob hat kein Brot im Haus

Jakob hat kein Brot im Haus, Jakob macht sich gar nichts draus.
Jakob hin, Jakob her, Jakob ist ein Zottelbär.

Margretchen, Margretchen, dein Hemd guckt herfür

Margretchen, Margretchen, dein Hemd guckt herfür!
Ziehs naufi, ziehs naufi, dann tanz ich mit dir.

Petersilie, Suppenkraut

Petersilie, Suppenkraut wächst in uns'rem Garten.
Unser Ännchen ist die Braut, soll nicht länger warten.
Roter Wein, weißer Wein, morgen soll die Hochzeit sein.

Ringel, Ringel Reihe

Ringel, Ringel Reihe, wir sind der Kinder dreie.
Wir sitzen unter 'm Hollerbusch und machen alle husch, husch, husch.

Ziehet durch, ziehet durch, durch die gold'ne Brücke

Ziehet durch, ziehet durch, durch die gold'ne Brücke.
Sie ist entzwei, sie ist entzwei, wir wollen sie wieder flicken.
Womit denn, womit denn? Mit Einerlein, mit Beinerlein.
Der Erste kommt, der Zweite kommt, der Dritte muss gefangen sein.

Allerlei Unsinn

Des Abends, wenn ich früh aufsteh

Des Abends, wenn ich früh aufsteh,
des Morgens, wenn ich zu Bette geh,
dann krähen die Hühner, dann gackert der Hahn,
dann fängt das Korn zu dreschen an.

Die Magd, die steckt den Ofen ins Feuer,
die Frau, die schlägt drei Suppen in die Eier,
Der Knecht kehrt mit der Stube den Besen,
da sitzen die Erbsen, die Kinder zu lesen.

O weh, wie sind mir die Stiefel geschwollen,
dass sie nicht in die Beine rein wollen.
Nimm drei Pfund Stiefel und schmiere das Fett,
dann stelle mir vor die Stiefel das Bett.

Donnawetta

Donnawetta, mang de Bretta sitzt een Kata, spielt Theata!
Kommt 'ne Maus, Spiel is' aus.

Dunkel war 's, der Mond schien helle

Dunkel war 's, der Mond schien helle, Schnee lag auf der grünen
Flur,
als ein Auto blitzeschnelle langsam um die Ecke fuhr.

Drinnen saßen stehend Leute, schweigend ins Gespräch vertieft,
als ein totgeschoss'ner Hase über 'n Sandberg Schlittschuh lief.

Und ein blond gelockter Jüngling mit kohlrabenschwarzem Haar
saß auf einer blauen Kiste, die rot angestrichen war.

Eine Kuh, die saß im Schwalbennest

Eine Kuh, die saß im Schwalbennest mit sieben jungen Ziegen,
die feierten ihr Jubelfest und fingen an zu fliegen.
Der Esel zog Pantoffeln an, ist über 's Haus geflogen,
und wenn das nicht die Wahrheit ist, so ist es halt gelogen.

Ein Mops kam in die Küche

Ein Mops kam in die Küche und stahl dem Koch ein Ei.
Da nahm der Koch die Kelle und schlug den Mops zu Brei.
Da kamen viele Möpse und gruben ihm ein Grab,
und setzen ihm ein'n Grabstein, auf dem geschrieben stand:
Ein Mops kam in die Küche und stahl ... (usw. ohne Ende)

Es war einmal ein Mann

Es war einmal ein Mann, der hatte sieben Söhne.
Die sieben Söhne sprachen: Vater, erzähl uns mal eine Geschichte.
Da fing der Vater an: »Es war einmal ein Mann, der hatte sieben
Söhne ...« (usw. ohne Ende)

Weiß der Himmel

Weiß der Himmel, wer da wieder Mehl auf den Küchenfußboden
gestreut hat, die ganze Küche ist weiß der Himmel, wer da wieder ...
(usw. ohne Ende)

Abzählreime

Eins, zwei, drei, vier, fünf, sechs, sieben

Eins, zwei, drei, vier, fünf, sechs, sieben, eine Bauersfrau kocht Rüben,
eine Bauersfrau kocht Speck, und du bist weg.

Variante:
Eins, zwei, drei, vier, fünf, sechs sieben, wo ist denn mein Schatz
geblieben?
Ist nicht hier, ist nicht da, ist wohl in Amerika.

Ich und du, Müllers Kuh

Ich und du, Müllers Kuh,
Müllers Esel, das bist du.

Ilse-Bilse

Ilse-Bilse, niemand will se,
kam der Koch, nahm se doch.

Müllers dicke faule Grete

Müllers dicke faule Grete saß auf einem Baum und nähte.
Plumps, fiel sie herab, du bist ab.

Um was wollen wir wetten?

Um was wollen wir wetten? Um drei goldene Ketten,
um eine Flasche Wein, und du musst sein.

Gedichte

Eins, zwei drei, alt ist nicht neu

Eins, zwei drei, alt ist nicht neu,
neu ist nicht alt, warm ist nicht kalt,
kalt ist nicht warm, reich ist nicht arm.

Eins zwei, drei, alt ist nicht neu,
arm ist nicht reich, hart ist nicht weich,
frisch ist nicht faul, ein Ochs ist kein Gaul.

Eins, zwei drei, alt ist nicht neu,
sauer ist nicht süß, Händ' sind keine Füß',
Füß' sind keine Händ', das Liedchen hat ein End'.

Gefroren hat es heuer

Gefroren hat es heuer, noch gar kein festes Eis.
Der Knabe steht am Weiher und spricht so zu sich leis:
Ich will es einmal wagen, das Eis, es wird schon tragen!
Wer weiß?

Das Knäblein steht und hacket, das Eis auf einmal knacket,
Und plumps, fiel es hinein.
Wär' nicht ein Mann gekommen, der sich ein Herz genommen,
wer weiß?

Heute in die Schule gehen

Heute in die Schule gehen, wo so schönes Wetter ist?
Ach, wer wird denn immer lernen, was man später doch vergisst!

Doch die Zeit wird lang mir werden, und wie bring ich sie herum?
Spitz, komm her, dich will ich lehren, sonst bleibst du für immer
dumm.

Was, du knurrst, du willst nicht lernen? Seht mir doch den bösen
Wicht!
Wer nicht lernt, verdienet Strafe, kennst du diese Regel nicht?

Horch, wer kommt? Es ist der Vater. Streng ruft er dem Knaben zu:
Wer nicht lernt, verdienet Strafe. Sprich, und was verdienest du?

In einem leeren Haselstrauch

In einem leeren Haselstrauch,
da sitzen drei Spatzen Bauch an Bauch.
Der Erich links und rechts der Franz,
und mittendrin der freche Hans.
Sie haben die Augen zu, ganz zu,
und obendrein, da schneit es, huh!
Sie rücken zusammen dicht, ganz dicht.
So warm wie der Hans hat 's niemand nicht.
Sie hör'n alle drei ihrer Herzlein Gepoch.
Und wenn sie nicht weg sind, so sitzen sie noch!

Mietegäste vier im Haus hat die alte Buche

Mietegäste vier im Haus hat die alte Buche.
Tief im Keller sitzt die Maus, nagt am Hungertuche.

Stolz auf seinen roten Rock und gesparten Samen
sitzt ein Protz im ersten Stock,
Eichhorn ist sein Name.

Weiter oben hat der Specht seine Werksatt liegen,
hackt und zimmert kunstgerecht, dass die Späne fliegen.

Auf dem Wipfel im Geäst pfeift ein winzig kleiner
Musikante froh im Nest. Miete zahlt nicht einer.

Morgens früh um sechs kommt die kleine Hex

Morgens früh um sechs kommt die kleine Hex.
Morgens früh um sieben schabt sie gelbe Rüben.
Morgens früh um acht wird Kaffee gmacht.
Morgens früh um neun geht sie in die Scheun',
morgens früh um zehn holt sie Holz und Spän',
feuert an um elf, kocht dann bis um zwölf,
Fröschlein, Krebs und Fisch, Kinder, kommt zu Tisch!

Zungenbrecher

Die Katze

Die Katze tritt die Treppe krumm.

Wenn mancherman wüsste

Wenn mancherman wüsste, was mancherman wär,
gäb mancher Mann manchem Mann manchmal mehr Ehr.

Der Potsdamer Postkutscher

Der Potsdamer Postkutscher putzt den Potsdamer Postkutschkasten.

Esel essen Nesseln nicht

Esel essen Nesseln nicht, Nesseln essen Esel nicht.

Fischers Fritze

Fischers Fritze fischt frische Fische,
frische Fische fischt Fischers Fritze.

Heut kommt der Hans zu ihr, freut sich die Lies

Heut kommt der Hans zu ihr, freut sich die Lies.
Ob er aber über Oberammergau oder aber über Unterammergau
oder aber überhaupt nicht kommt, ist nicht gewiss.

In Ulm und um Ulm

In Ulm und um Ulm und um Ulm herum.

Der Enkel wegen an morgen denken

Wir kommen zum Schluss. Ich hoffe, dass Sie einige Anregungen gefunden haben, die Ihnen das Zusammenleben mit den erwachsenen Kindern und Schwiegerkindern erleichtern, die den Umgang mit den Enkelkindern noch erfreulicher gestalten. Eines möchte ich jedoch zum Abschluss noch gern loswerden:

Wer Enkelkinder hat, dem kann es nicht gleichgültig sein, wie die Welt aussehen wird, wenn die Enkel erwachsen sind, vielleicht selbst Kinder bekommen, alt werden.

Diese Welt ist zur Zeit in einem recht desolaten Zustand. Ob wir da an ökologische Themen denken – Ozonloch, brennende Regenwälder, Klimaveränderung, Umweltgifte – oder an gesellschaftspolitische – immer mehr Arme, keine Arbeit, zusammenbrechendes Rentensystem … In Wirtschaft und Politik scheint vielfach das Motto zu gelten: Nach uns die Sintflut. Wie soll das weitergehen, wenn wir nicht mehr dagegen tun?

Großeltern tun etwas für ihre Enkel, wenn sie lieber mal mit Bus oder Bahn statt mit dem Auto fahren, wenn sie Pfandflaschen kaufen statt Wegwerfflaschen oder Dosen, wenn sie sparsam mit Strom umgehen.

Darüber hinaus gibt es noch viele Möglichkeiten, sich für kommende Generationen zu engagieren. Manche kirchliche Initiative, die Geld gegen den Hunger sammelt, manche Bürgerinitiative, die ein verkehrsberuhigtes Wohngebiet erstreiten möchte, freut sich über jeden Helfer. Wer in einer Partei mitarbeitet, wer sich in den Gemeinderat wählen lässt, kann auch in der Politik mitmischen.

Sie haben viel mehr Erfahrungen als mancher Jüngere und hoffentlich noch viel Energie. Was also hält Sie zurück? Denken Sie, Ihre Meinung will ja doch keiner hören? Die da oben machen ja doch, was sie wollen? Woher wollen Sie das wissen? Probieren Sie es doch einfach aus.

Sie tun sich damit auch noch selbst einen Gefallen. Sie bleiben aktiv und können sich darüber freuen, gebraucht zu werden.

Literatur

Austermann, Marianne/Wohlleben, Gesa: Zehn kleine Krabbelfinger. Spiel und Spaß mit unseren Kleinsten, Kösel-Verlag 1989

Dieselben: Die pfiffige Murmelbahn. Fröhliche Spiele mit kleinen Kindern, Kösel-Verlag 1992

Dreikurs, Rudolf: Kinder fordern uns heraus. Wie erziehen wir sie zeitgemäß?, Klett-Cotta Verlag, 5. Aufl. 1999

Eichlseder, Walter: Unkonzentriert? Hilfen für hyperaktive Kinder und ihre Eltern, Beltz Verlag, 4. Aufl. 1997

Friedl, Johanna: Pitsche, Patsche, Peter. Lustige Spiele mit Händen und Füßen, Kösel-Verlag 1999

Garms, Harry: Westermann Lexikon. Pflanzen und Tiere Europas. Ein Bestimmungsbuch, Georg Westermann Verlag 1995

Gürtler, Helga: Kinderärger – Elternsorgen, Urania Berlin, 12. Aufl. 1996

Gürtler, Helga: Kinder brauchen feste Regeln. Kindern Freiräume und Grenzen klar vermitteln – und sich selbst daran halten. Wie Kinder Vertrauen und Ehrlichkeit lernen können, Verlagshaus Goethestraße 1996

Gürtler, Helga: Angsthasen und Wüteriche, Verlagshaus Goethestraße 1997

Gürtler, Helga: Der tägliche Kampf zwischen Eltern und Kindern. Einfache Regeln zum Umgang mit Ritualen und Machtspielen um Essen, Trinken, Schlafengehen und Sauberkeit, Verlagshaus Goethestraße 1997

Gürtler, Helga: Eltern sind echt ätzend. So helfen Sie Ihren Kindern in der Pubertät – Verständnisbarrieren überwinden – Begleiten statt erziehen – Lenken ohne bevorzumunden, Midena Verlag 1997

Kast-Zahn, Annette/Morgenroth, Hartmut: Jedes Kind kann schlafen lernen. Vom Baby bis zum Schulkind: Wie Sie Schlafprobleme Ihres Kindes vermeiden und lösen können, Oberstebrink Verlag 1995

Neumann, Ursula: Wenn Kinder klein sind, gib ihnen Wurzeln, wenn sie groß sind, gib ihnen Flügel. Ein Elternbuch, Kösel-Verlag 1997

Prekop, Jirina/Schweizer, Christel: Kinder sind Gäste, die nach dem Weg fragen. Ein Elternbuch, Kösel-Verlag 1990

Voss, Reinhard/Wirtz, Roswitha: Keine Pillen für den Zappelphilipp. Alternativen im Umgang mit unruhigen Kindern, Rowohlt TB 1990

Zimmer, Katharina: Erste Gefühle. Das frühe Band zwischen Kind und Eltern, Kösel-Verlag 1998

Die Kraft der Vorbilder

Jirina Prekop
Von der Liebe, die Halt gibt
Erziehungsweisheiten
Mit Illustrationen von Julia Ginsbach
144 Seiten. Gebunden
ISBN 3-466-30512-8

»Ein Kind zu erziehen bedeutet vor allem, es in der Besonderheit seines kindlichen Wesens bedingungslos anzunehmen und zu lieben.«

Die liebevoll zusammengestellten Erziehungsweisheiten der bekannten Kinderpsychologin Jirina Prekop wenden sich an alle, denen Kinder am Herzen liegen.

Kösel online: www.koesel.de; e-mail: service@koesel.de

Über 250 Spiele für Klein und Groß

Johanna Friedl
Pitsche, Patsche, Peter
Lustige Spiele mit Händen und Füßen
Mit farbigen Illustrationen von Susanne Krauß
und Farbfotos von Simone Braun
152 Seiten. Gebunden
ISBN 3-466-30495-4

Bewegung ist ein kindliches Grundbedürfnis, das Eltern und Erzieher in jeder Hinsicht unterstützen sollten. Johanna Friedl gibt ihnen hierzu eine umfangreiche Spielesammlung für Kinder von 0 bis 8 Jahren an die Hand. Ein Standardwerk für alle, die mit Kindern leben.

Kösel online: www.koesel.de; e-mail: service@koesel.de

PIPER

Jörg Steinleitner
Räuberdatschi

Ein Fall für Anne Loop. 256 Seiten. Piper Taschenbuch

Die Putzfrau Irene Heigelmoser hat eine Riesenwut. Denn
erstens ist sie pferdenarrisch, zweitens ist heute Rosstag
und drittens wurde sie trotzdem für den Reinigungsdienst in
der Bank eingeteilt. Als sie schon kurze Zeit später neben
dem Filialleiter gefesselt und geknebelt unter dessen Schreib-
tisch liegt, schlägt die Stunde von Bayerns heißester Polizis-
tin: Anne Loop begibt sich in Gefahr.

»So überdreht wahnsinnig wie urkomisch.«
Süddeutsche Zeitung zu »Aufgedirndlt«

»Hinterfotzig, groß: Jörg Steinleitner ist Münchens
jüngster Krimiguru.«
In München

»Ein super bayerischer Krimi, den ich mit viel Lachen quasi
verschlungen habe.«
Ludwig Waldinger, Kriminalhauptkommissar,
zu »Aufgedirndlt«

Mit einem Räuberdatschi-Rezept von Sternekoch
Christian Jürgens

01/2017/01/R